KB186645

습관은 반드시 실천할 때 만들어집니다.

초판 1쇄 발행 2021년 7월 12일

지은이 설기문
펴낸이 김옥정

만든이 이승현, 이혜진
디자인 디스커버

펴낸곳 좋은습관연구소
주소 경기도 고양시 후곡로 60, 303-1005
출판신고 2019년 8월 21일 제 2019-000141
이메일 buildhabits@naver.com
홈페이지 buildhabits.kr

ISBN 979-11-91636-04-8 (13180)

좋은습관연구소에서는 누구의 글이든 한 권의 책으로 정리할 수 있게 도움을 드리고 있습니다.
메일로 문의해주세요.

네이버/페이스북/유튜브 검색창에 '좋은습관연구소'를 검색하세요.

내 마음과
거리 두기

나쁜 감정에서
재빨리 벗어나는
자기 객관화 습관

설기문 지음

좋은습관연구소

들어가면서

초등학교에도 들어가기 전, 나는 매일 해가 질 무렵이면 시장에서 장사를 하고 집으로 돌아오시는 어머니를 동구 밖에서부터 기다리곤 했다. 어머니는 나에게 있어서 세상 전부 같은 존재였다. 아버지는 내가 태어나고 반년도 채 되지 않아 세상을 떠나셨다. 그래서 나는 홀어머니 밑에서 자랐다.

아이들은 엄마가 눈앞에 보이지 않으면 불안하다. 나 역시도 그랬다. 하지만 우리 어머니는 장사를 해야 했기 때문에 언제나 나랑 같이 있을 순 없었다. 그래서 나는 혼자서 집에 있을 때가 많았다. 그럴 때면 어머니의 부재가 늘 불안했다. 어머니가 오실 시간이 다 되어가는 늦은 오후의 시간은 뭐라고 설명하기 어려운 외로움과 초조함을 느끼는 시간이었다. 나는 해질 때가 가까워지면 조금이라도 어머니를 빨리 보고 싶은 마음에 마을 초입까지 어머니를 마중 나가곤 했다. 그러다가 저 멀리 어머니 모습이 보이면 나는 반사적으로 어머니를 향해 뛰어, 어머니 품에 덥석 안기고는 한참이나 어머니 품에 내 얼굴을 파묻곤 했다. "이제 집에 가자. 얼른 가서 밥해 줄게." 어머니의 손을 잡고 집으로 가는 길은 어릴 적 나에게 가장 행복한 시간이었다. 나는 그렇게 남들보다 조금 일찍 외로움을 알았고 불안을 알았고 초조함을 알았다.

온 식구가 먹을 양식은 오로지 어머니가 일을 하는 것을 통해서만 나올 수 있었다. 나는 동네의 다른 아이들이나 친구들을 볼 때마다 왜 나만 아버지가 세상을 일찍 떠나서 곁에 없는지 항상 야속하고 속상했다. 아버지와 함께 어울려 놀러 가는 아이들을 볼 때마다 부러웠고 아버지가 없는 빈자리 때문에 다른 아이들보다 내가 부족하다는 생각을 지울 수가 없었다. 부족함은 자신감의 결핍으로까지 이어졌다.

내가 초등학교에 다닐 때에는 중학교 입학 시험제도가 있었다. 그래서 6학년이 되면 중학교 진학 경쟁이 심한 편이었다. 그때는 좋은 학교와 그렇지 않은 학교라는 게 있어서 공부에 대한 스트레스가 상당했다. 당연히 잘 사는 집 아이들은 과외를 받으며 공부를 했지만 우리 집 형편에 과외 같은 건 생각조차 할 수 없는 일이었다. 오롯이 내 능력만으로 시험공부를 하고 시험을 봐야 했다. 나는 결국 1차(전기) 시험에 떨어지고 2차(후기) 시험을 쳐서 겨우 진학을 했는데, 원하던 학교를 다니지 못한다는 사실은 나에게 또다시 좌절의 경험이 되었다. 그 후로도 나는 여러 가지 좌절을 경험하고 또 극복하면서 고등학교, 대학교를 다녔고 나중에는 무일푼으로 미국 유학까지 가게 되었다. 미국에서는 공부를 무사히 끝마칠 수 있을까 하는 불안과 긴장이 계속해서 나를 따라다녔다. 다행히 나는 많은 어려움들을 잘 극복하고 결국엔 박사 학위를 취득하고 대학 교수라는 지위도 얻게 되었다.

　사람은 누구나 불안과 슬픔, 외로움과 같은 감정을 경험한다. 그것을 경험하고 느낀다는 것은 너무도 자연스러운 일이다. 어쩌면 가장 인간적인 모습일 수도 있다. 그리고 일상생활을 하다 보면 자신이 원하는 것을 얻고자 하는 과정에서 장애를 만나고 좌절도 경험하게 되는데, 이 과정에서 스트레스라는 것도 알게 된다. 우리는 스트레스를 겪으면서 삶이 녹록치 않다는 것을 자연스레 배우게 된다. 학교생활과 공부에서 오는 스트레스와 함께 가족 관계, 형제 관계, 교우 관계에 있어서도 스트레스 문제는 계속해서 우리를 쫓아다닌다. 흔히 우리가 마음이 힘들 때 그 상황을 스트레스라고 말하지만 그것은 평소에 우리가 경험하는 불안, 우울, 긴장 등의 문제들을 포괄적으로 부르는 말이다. 그렇게 볼 때 우리 삶에서 스트레스는 피할 수 없는 누구나 언제라도 경험하는 필요악 같은 것이라고 할 수 있다.

　사실 스트레스는 하나의 자극이다. 그 자극이 있기에 우리는 무언가에 좀 더 집중하면서 발전할 수 있다. 사람들은 막연하게 스트레스가 안 좋은 것이라고 생각하지만 실제로는 그렇지 않다. 학생이 스트레스가 없다면 공부에 소홀하기 쉽고, 성인이라도 목표와 관련한 스트레스가 없다면 자기가 하는 일에 집중하기 어렵다. 수험생의 경우 시험에 대한 불안이 있기 때문에 오히려 시험 준비에 만전을 기하게 되고, 성과에 대한 불안이나 타인과의 경쟁에서 자존심 상할 일을 염려하는 스트레스 때문에 더욱 열심히 하고 몰두하게 된다. 그러나 스트레스가 어느 기준을 넘어섰을 때에는 오히려 고통이 되고 방해가 된다. 그리고 심하면 몸과 마음의 병을 유발하거나 심지어 목숨까지도 빼앗는다. 그러므로 스트레스를 완벽히 피할 순 없겠지만 스트레스가 나에게 도움이 될 수 있도록 하는 관리가 필요하다.

　나는 오랫동안 상담 심리학을 공부하고 상담 전문가로 활동하였다. 상담 전문가는 다르게 말하면 심리 전문 카운슬러다. 유능한 카운슬러가 되기 위해서 사람의 마음을 좀 더 깊이 알아야 한다는 생각으로 최면도 공부하였다. 그 덕분에 나는 무의식이라고 부르는 사람의 마음을 다른 상담 전문가들보다 좀 더 깊이 헤아릴 수 있게도 되었다.

나는 카운슬러로 그리고 최면전문가로 활동하면서 수많은 사람들의 아픈 마음, 불안과 우울 같은 스트레스의 마음을 지켜봤다. 스트레스가 심하여 병이 된 사람들도 있었고, 단순한 마음의 병이 아니라 몸의 병이나 장애로까지 번진 사람들도 만났다. 그 과정에서 우리가 마음을 제대로 다스리고 마음을 잘 관리한다는 것이 참으로 어려운 일이라는 것을 늘 실감했다.

불교에서 말하길 인간에게는 108가지의 번뇌가 있다고 한다. 그 번뇌라는 것이 결국 스트레스가 아닐까 생각해본다. 불교에서 말하는 번뇌는 고통인데, 그 고통은 집착 때문에 생긴다. 그래서 집착을 끊고 마음을 비움으로써 번뇌에서 벗어나서 도를 이룰 수 있다고 가르친다. 하지만 말이 쉽지 과연 범인의 입장에서 집착을 끊고 마음을 비울 수가 있을까? 도(道)가 높은 스님이나 도인의 경지가 아니고서야 가능한 일이겠는가? 하지만 이를 나쁜 습관이라 여겨 끊어내고 스트레스를 조절할 수 있는 좋은 습관을 익힐 수 있다면, 건강하고 행복한 삶을 사는 데 도움이 될 것이다. 예로부터 '세 살 버릇 여든까지 간다'고 하였다. 유달리 남들에 비해 불안이나 긴장 그리고 우울과 같은 스트레스를 많이 겪는 것도 일종의 습관이다. 우리 삶에 자극제가 되는 스트레스가 아닌, 삶을 방해하는 스트레스는 분명 나쁜 습관에 해당한다. 나쁜 습관은 행복한 삶의 훼방꾼이다. 그래서 나쁜 습관은 고쳐야 한다. 대신 건강하고 행복한 삶을 사는 데 도움이 되는 여러 좋은 습관을 익혀야 한다.

나는 이 책에서 몇 가지 심리 기술을 소개하였다. 여러 임상을 통해 많은 사람들에게 적용하여 효과를 본 것들 중심으로 마음을 평안하게 하는 심리 기술을 뽑았다. 나는 이를 '자기 객관화 습관'이라고 명명했다.

우리는 누구나 건강하고 행복한 삶을 살기를 원한다. 그렇게 살고 싶지 않은 사람은 아무도 없을 것이다. 나는 사람들이 일상생활에서 경험하는 불안, 우울, 긴장과 같은 스트레스의 마음을 잘 이겨내고 보다 건강하고 행복한 삶을 살아갈 수 있게 도움을 줄 수 있는 효과적인 방법을 고안하는 일에 관심을 가져왔고 또 연구를 해왔다. 우리가 일상에서 불안과 같은 스트레스를 경험할 때 쉽게 적용하고 활용할 수 있게 하는 심리 기법이 바로 그것이다.

이 책에서 소개하는 다양한 기법들과 원리들은 기본적이고 기초적인 것에 한정되어 있다. 기초적인 방법만으로도 일상생활에서 충분한 효과를 얻을 수 있지만 간혹 추가적인 기법이 더 필요할 때가 있다. 그럴 때는 인터넷이나 유튜브 등을 통해서 보다 상급의 정보나 기법을 익히길 바란다. 그리고 상태가 심한 경우에는 반드시 전문가의 도움을 받아보기를 권한다.

　그럼 이제부터 시작이다. 지금부터 소개하는 심리 기술을 좋은 습관으로 익히게 되면 여러분은 보다 건강하고 행복한 삶을 살게 될 것이다. 기대해도 좋다.

차례

들어가면서

1부 나쁜 감정을 극복하려면

2부 감정에서 나를 분리하는 법

나쁜 감정을
극복하려면

1. 마음의 크기

어느 나라의 깊은 산 속 계곡 입구에 오랜 기간 동안 수련을 마친 수십 명의 수도승들이 모였다. 계곡에는 동굴이 하나 있었는데, 그곳에는 1천 위의 귀신들이 살고 있었다. 수도승들에게는 이제 수련의 마지막 과정으로 귀신 동굴을 통과하는 의례만 남았다. 백발의 노승이 수도승들 앞에 섰다. 노승은 큰 소리로 제자들에게 말했다.

"제자들이여, 오랜 기간 수련 과정을 거치느라 고생이 많았다. 그간의 쉼 없는 노력 덕분에 이제 마지막 과정 하나만 남겨 두고 여기에 모였다. 이 단계만 잘 통과한다면 수련은 끝이 난다. 그러면 너희들은 원하는 깨달음을 얻을 수 있을 것이다. 이제, 두 가지를 당부하고자 하니 명심하길 바란다. 첫째, 그대들은 잠시 후 동굴 안으로 들어가게 된다. 들어간 뒤에는 절대 뒤를 돌아봐서는 안 된다. 오직 앞만 보고 걸어가야 한다. 만약 뒤돌아 나올 경우 그대들의 그동안의 수련은 모두 물거품이 된다. 그러니 앞을 향해 걷기를 절대 멈추지 말아야 한다. 둘째, 그대들은 앞으로 1천 위의 귀신들이 연출하는 온갖 무섭고 두려운 것들을 보고 듣게 될 것이다. 그 모두는 실제가 아니라 허상임을 명심하라. 귀신들은 평소에 그대들이 가장 두려워하고 무서워하는 것으로 나타날 것이다. 만약 그대들이 벌레를 무서워한다면 귀신은 벌레의 모습으로 나타날 것이며 높은 곳을 두려워한다면 그대들 앞에 아주 높은 절벽이 나타날 것이다. 그것은 진짜가 아니라 허상이고 귀신의 장난임을 꼭 기억하라. 이 두 가지를 주의하며 끝까지 동굴을 걸어서 통과하게 된다면 그대들은 그동안의 모든 수련 과정을 통과하게 된 것이다. 모두가 마지막 관문을 잘 통과하여 깨달음의 경지에 이르길 바란다."

노승의 얘기가 끝나자마자 제자들은 모두 동굴을 향해 걸어갔다. 동굴 안은 빛이 들어오지 않아 어두움으로 가득 차 있있다. 하지민 중간중간 햇불 같은 것이 있어서 주변을 인식하고 걷는 데에는 큰 문제가 없었다. 제자들은 노승의 얘기대로 언제 어떻게 두려운 것이 나타날지 몰라 긴장하면서 조심스레 걸음을 옮겼다. 얼마의 시간이 흘렀을까, 곳곳에서 수도승들의 비명과 공포에 질린 소리가 들려왔다. 아마도 그들 중 누군가가 자신이 무서워하는 무언가를 본 것 같았다. 정말로 어느 곳에서는 커다란 벌레가 길을 막고 있었고 또 다른 곳에서는 갑자기 높은 절벽이 나타나기도 했다. 아예 횃불이 없는 깜깜한 어둠의 길이 이어지기도 했고 활활 불타는 불길을 밟고 지나야 하는 곳도 있었다. 어떤 곳에서는 맹수를 만나기도 했으며, 뱀으로 득실대는 어떤 곳은 오직 외나무다리를 통해서만 통과할 수 있었다.

제자들은 그렇게 동굴을 통과하는 동안 새로운 것을 만나고 무서워하는 것이 나올 때마다 놀라거나 소리를 질렀다. 아예 그 자리에서 꼼짝하지 못하고 멈춰 서 있기만 하는 제자도 있었다. 더 이상 못 가겠노라며 왔던 길을 되돌아가려는 제자도 있었다. 그렇게 제자들은 동굴 속에서 자신이 가장 무서워하고 두려워하는 것들을 만났다. 얼마의 시간이 지났을까? 드디어 출구 밖으로 동굴을 무사히 빠져나온 제자들이 하나둘 보이기 시작했다. 마지막 수련 과정을 통과한 그들은 서로를 얼싸안고 기쁨의 눈물을 흘렸다. 그리고 제일 마지막에 출발한 제자까지 출구로 나왔을 때는 먼저 나왔던 모든 제자들이 그를 향해 크게 박수를 치고 얼싸안으며 함께 기쁨을 나눴다.

이 이야기는 우리에게 많은 것을 생각하게 한다. 스승이 제자들에게 당부한 것은 동굴 속에서 멈추거나 되돌아가지 말고 앞을 향해 무조건 전진하라는 것이었다. 그리고 어떤 두려움이나 무서움의 대상도 허상이므로 그것에 속지 말라는 것이었다. 이는 우리가 살면서 경험하는 부정적 감정인 불안과 우울 등과 그대로 닮아 있다. 많은 사람들은 특정 상황에서 또는 특정한 대상과 관련하여 두려움과 무서움을 느끼기도 하고 불안과 공포감을 경험하기도 한다. 하지만 대부분은 그러한 두려움과 불안이 극복될 수 있다는 것을 간과하며 살아간다.

아이들은 별것 아닌 일에도 쉽게 놀라고 무서워한다. 그들 눈에는 작은 벌레도 크게 보이고 낮은 언덕도 높아 보인다. 공사장 옆을 지날 때는 중장비가 내는 굉음에도 놀란다. 아이들만 그런 것이 아니라 성인들도 남들 눈에는 아무것도 아니지만 유독 무섭게 느껴지는 대상이 있다. 객관적으로는 정말로 사소하고 절대적으로 안전한 것임에도 불구하고 두렵고 불안하게 느끼는 것이 있다. 따라서 누구나 가지고 있을지 모르는 그런 불안과 두려움에 대해서 무시하거나 폄하해서는 안 된다.

성인이 되어 어린 시절에 다니던 초등학교를 방문했을 때 느끼는 특별한 감정은 누구에게나 있다. 예전에는 그렇게 넓어 보이던 운동장, 커 보이기만 하던 교실이나 건물들, 너무 높아 올라가기 어려워 보였던 운동기구나 놀이 기구들이 성인이 되어서 다시 보면 놀랄 정도로 작고 보잘것 없다. 교실의 책걸상도 마찬가지고 크게 쭉쭉 뻗은 나무들도 마찬가지다. 모두가 어린아이의 눈으로 봤을 땐 크고 높게만 보이던 것들이다. 이처럼 생각과 마음에도 크기가 있다. 마치 작은 마음이 있고 큰 마음이 있는 것과 같다. 앞에서 예로 들었던 수도승들은 힘든 수련 과정을 통해 자신의 마음의 크기를 키우고 넓히려 했다. 그래서 수련을 마칠 때쯤이면 마음 깊이는 바다만큼 깊어지고 우주만큼 넓어진다. 그때가 되면 귀신 앞에서도 꿈쩍하지 않게 되고 일반 사람들이 도저히 견딜 수 없는 고통 앞에서도 대범하고 태연해진다.

우리가 어른스럽다고 말하는 것은 마음의 크기를 뜻한다. 아이들은 마음의 크기가 작기에 자기 것에 집착을 많이 한다. 자기 것을 지키고자 하는 욕심이 크다. 하지만 어른이 되면 마음의 크기가 커지기에 양보를 할 줄도 욕심을 버릴 줄도 안다. 그리고 대의를 위해 또는 사랑의 이름으로 자기를 희생할 줄도 안다. 이 모든 것이 마음의 크기 때문이다. 앞서도 언급한 것처럼 마음의 크기가 커지면 귀신도 두려워하지 않게 된다. 수도승들이 동굴에서 만났던 것은 결국 허상의 모습을 한 귀신들이었다. 오랜 시간 동안 수련 생활을 해왔고 마음의 크기를 키웠던 수도승들은 귀신의 허상 앞에서 마음이 흔들리지 않았고 그것에 속지도 않았다. 하지만 수련이 제대로 되지 않은 수도승들은 겁에 질려 도망쳐 나오기 바빴다. 아마 마음이 작은 보통 사람들이나 아이들 또한 똑같은 허상 앞에서 쉽게 속고 무너졌을 것이다.

이렇듯 우리가 불안과 우울에 휩싸이지 않으려면 마음의 크기를 키워야 한다. 그럼, 어떻게 하면 마음의 크기를 크고 깊게 키울 수 있을까?

2. 마음의 세탁

사람의 마음을 다루는 직업을 가진 사람을 우리는 카운슬러 또는 심리 상담가라 부른다. 상담가는 사람의 마음을 누구보다 잘 알아주고 보듬어주며 문제를 해결할 수 있도록 도와주는 사람이다. 나는 심리 상담으로 박사 학위를 받았다. 대학에서 학생들을 가르치면서 상담 전문가를 양성했고 현장에서는 최고 상담 전문가로 활동하기도 했다.

상담실을 찾는 사람들이 갖고 오는 문제는 정말 다양하다. 뭐라고 한두 가지로 분류하거나 설명을 할 수 없을 정도다. 그럼에도 그들에게는 한 가지 공통점이 있다. 이들은 직접적이든 간접적이든 간에 감정의 고통이 심해 일상생활에 불편을 겪게 될 때 상담실을 찾는다. 이들을 괴롭히는 감정은 우울, 슬픔, 화, 불안과 공포, 누군가가 밉거나 싫은 감정 같은 것들이다. 사실 몸이 아픈 것도 마음에 문제가 있는 경우가 훨씬 많다. 이때는 몸이 아프더라도 그 근본 원인이 감정에

있기 때문에 병원에 간다거나 별도의 약을 먹는 것이 도움이
되지 않는다. 몸이 아픈 것도 결국에는 아픈 감정으로 귀결될
때가 많으며 스트레스라는 것도 마음이 아픈 것에 해당한다
고 할 수 있다. 원하는 것이 이루어지지 않을 때, 바라는 대로
되지 않을 때 우리는 스트레스를 경험한다. 앞에서 언급했던
우울, 슬픔, 분노, 불안과 같은 감정들도 스트레스에 해당한
다. '만병의 원인'이 된다는 말이 있을 정도로 스트레스는 마
음뿐만 아니라 몸 건강에도 나쁘다.

이 같은 감정적 고통은 어디에서 오는 걸까? 연구자에 따
라 다르게 진단하겠지만 일단은 생각에서 비롯된다고 보는
것이 일반적이다. 다시 말해, 감정이 어떤 상황에서 저절로
일어나는 것 같지만 실제로는 스스로 인식하든 그렇지 않든
간에 주관적 생각에서 비롯된다는 것이다. 이 과정에서 객관
성은 사라지고 오로지 자신의 과거 경험, 자신이 가진 가치관
이나 지식 등에 기초하여 실제적 사실을 자기중심직으로 해
석하게 된다. 이런 심리 현상은 무의식적으로 진행되기 때문
에 웬만큼 자신을 성찰하고 분식하며 객관화하지 않는 이상
스스로 알아차리기가 쉽지 않다. 나와 같은 심리 상담가는 바
로 이럴 때 사람들의 객관화 과정을 도와 감정의 고통에서 벗
어날 수 있도록 한다.

감정은 일종의 에너지다. 행복, 기쁨, 즐거움과 같은 긍정

적 감정은 긍정적이고 좋은 에너지를 발산하지만 부정적 감정은 부정적이고 나쁜 에너지를 발산한다. 나쁜 에너지가 내 몸에 나쁜 영향을 미치게 되면 가슴 답답함, 소화장애, 두통, 혈압 등의 증상이 생기게 된다. 반대로 좋은 에너지는 당연히 신체 상태나 조건을 더 좋게 한다. 그래서 행복하거나 기분이 좋을 때는 기운이 나며 생기가 돌고 활기가 생겨 힘든 일도 거뜬히 해낸다. 이런 에너지가 건강에 도움이 되는 것은 너무나도 당연한 일이다.

흔히 감정을 기분이라고 하는데 그 기분은 에너지를 의미한다. 기분(氣分)이라는 한자 말에는 '기(氣)'라는 글자가 들어 있는데, 이 '기'가 바로 에너지(energy)를 의미한다. 앞에서 기운, 생기, 활기라는 단어를 사용했는데 여기에 사용된 '기'도 같은 한자다. 서양에는 '기'를 bioenergy, vital energy, life energy라는 말로 표현해왔다. 이는 곧 생체 에너지, 생명 에너지라는 말로 번역할 수 있다. 에너지는 어떤 대상의 움직임을 일으키고 변화를 만들어내는 데 쓰인다. 우리가 일상에서 사용하는 전자 기기나 장치들은 모두 전기 에너지의 작동으로 움직인다. 마음의 에너지에 해당하는 기분은 심리적 에너지이기 때문에 마음을 움직일 뿐만 아니라 그 마음의 움직임이 원인이 되어 몸의 움직임에도 영향을 준다. 그래서 스트레스를 다루는 경우 에너지 차원에서 문제를 생각해보는 것이 무척 중요하다.

흡연구역에 잠시 머물렀다가 옷이나 몸에 담배 연기가 배인 경험이 한 번쯤은 있을 것이다. 냄새에 오래 노출될수록 냄새는 옷 속 깊숙이 스며든다. 냄새처럼 감정도 우리 몸에 묻고 몸 속으로 스며든다. 그래서 우리는 계속 감정에 끌려다니기도 하고 감정 때문에 힘들어하기도 한다. 냄새를 빼는 걸 생각해보자. 옷에 배인 냄새는 탈탈 털거나 바람이 부는 곳에 잠시 널어놓는다. 그리고 그걸로 부족하면 세탁을 한다. 좋은 에너지는 계속 갖고 있다 타인에게 그 에너지를 퍼뜨리는 게 좋겠지만 나쁜 에너지는 냄새를 털어내듯 빨리 빼버려야 한다. 심리학에서는 이를 '탈중심화(Decentering)', '경험 회피(Experiential Avoidance)'라고 하는데, 나는 이를 '마음의 세탁'이라 부른다.

당신은 감정체가 아니며 감정 또한 당신이 아니다. 감정은 그냥 당신이 경험하는 것일 뿐이다. "나는 우울하다"고 할 때 "나는 우울이다"의 뜻이 아니라 "나는 우울한 감정을 경험하고 있다"라고 하는 것이 좀 더 정확한 표현이다. 마찬가지로 "나는 슬프다"는 "나는 슬픔이다"라는 뜻이 아니라 "나는 슬픔의 감정을 경험하고 있다"라고 하는 것이 더 옳은 표현이다. 감정 자체가 아니라 감정의 에너지를 경험하고 있는 것이다. 이렇게 생각하면 우리는 그 에너지가 나쁜 것이라고 판단하고 그것을 좀 더 쉽게 털어낼 수 있다.

마음 세탁을 위해서는 일단 주관성에서 벗어나는 것부터 시작할 필요가 있다. 그렇게 함으로써 자신을 최고도로 객관화하는 것이 중요하다. 이는 다르게 말해 자기성찰을 뜻하는 것이기도 하고 자기를 객관적으로 바라보는 것이기도 하다. 혹자는 그것을 '와칭'이라고도 부른다. 자기 자신이나 주변의 상황을 있는 그대로 바라본다는 뜻이다. 그렇게 할 때 감정이 우리를 끌고 가지 않고 나 스스로 나의 감정을 통제할 수 있게 된다.

만약 당신이 부정적 감정 상태를 경험하고 있다면 "우리는 감정 자체가 아니며 특정한 감정을 반드시 필요로 하지 않는다"는 사실을 분명히 인식하면서 다음과 같이 한번 해보자. 지금까지 당신을 힘들게 했거나 지금도 힘든 것이 무엇인지 생각해보고 스스로 다음과 같은 질문들을 던지고 답을 해보자. '나는 이것을 털어버릴 수 있을까?', '이 문제와 관련하여 경험하고 있는 감정을 털어버리고 내려놓을 수 있을까?' 진실하게 답을 해보자. '예' 혹은 '아니오'로 내면의 목소리를 입 밖으로 내보자. 만약 '예'가 아니라 '아니오'라고 답한다면 다음과 같이 다시 질문을 해보자. '나는 마음의 저항을 털어버릴 수 있을까?' 만약 이 질문에도 '아니오'라고 밖에 답할 수 없다

면 오히려 감정이나 불편함의 상태를 받아들이고 환영해보
자. 환영한다는 것이 반드시 그 감정에 동의함을 뜻하는 것은
아니다. 멀리하려 하거나 없는 것처럼 여기지 말고 그냥 있는
그대로 안아주고 품어주는 것이다.

사실 이런 생각만으로도 감정으로부터 스스로를 분리해
낼 수 있다. 분리의 과정이 반복될수록 나를 괴롭혔던 감정은
점점 멀어지며 뭔가 털어내는 느낌, 가벼워지는 느낌이 들 것
이다. 이제 본격적으로 감정에서 나를 분리하는 자기 객관화
의 방법들을 하나씩 살펴보자.

2부

감정에서
나를 분리하는 법

3. 드론이 되는 상상해보기

내가 처음 녹음기를 구경한 건 중학생이 되고 나서부터였다. 선생님이 교탁에 큰 녹음기를 올려놓고 영어가 녹음된 카세트테이프를 틀어주셨다. 우리는 테이프에서 나오는 원어민의 영어 발음을 들으며 서툴게 따라 해보곤 했다. 그때만 해도 녹음기 자체가 신기하기도 했지만 원어민인 미국인들이 우리와는 완전히 다른 별 세계 사람으로만 여겨지던 시절이라 그들의 영어 발음을 그렇게라도 들어본다는 것 자체가 신기할 수밖에 없었다.

대학 시절에 처음으로 영어 공부를 위해 개인 녹음기를 구입하여 내 영어 발음을 녹음해서 들어볼 수 있었다. 한 번도 내 목소리를 그런 식으로 녹음을 해서 들어본 적이 없었기 때문에 처음 녹음기를 통해 내 목소리를 들었을 때는 너무 어색하고 이상했다. 내 목소리가 맞긴 한데 뭔가 내가 아닌 것 같은 느낌, 그래서 계속 듣고 있자니 몸이 오글거리는 것 같았다. 마치 내가 아닌 다른 사람이 나를 연기하는 것 같은 생각이 들었다.

녹음기에 녹음된 내 목소리뿐만 아니라 거울에 비친 내 모습을 볼 때도 비슷한 경험을 하게 된다. 그냥 보는 것보다 거울의 나를 향해 중얼거린다거나 다양하게 표정을 바꿔보거나 하면 상당히 낯선 자신을 발견하게 된다. 특히 화를 내는 모습을 보거나 눈물을 흘리는 모습을 거울을 통해 보게 되면 정말로 어색하고 이상하기도 하다. 요즘은 자기 모습을 녹화하여 공개하는 동영상 문화가 일상화되었지만 이 역시도 처음에는 신기한 느낌과 함께 이상하고 민망한 일 중 하나였다. 내가 처음으로 TV에 출연했을 때는 사투리를 쓰는 내 모습이 정말 어색하고 부끄러웠다.

이제 재미있는 상상을 한번 해보자. 대부분의 다른 동물들도 그렇지만 인간의 눈은 특히 앞쪽으로만 돌출되어 있다. 만약 눈이 옆으로도 향하고 뒤로도 돌아간다면? 조금 더 상상을 보태어 코끼리의 코처럼 길게 늘어져서 180도 좌우는 물론 뒤쪽도 모두 볼 수 있다면? 한편의 괴기 영화가 떠오르는가? 알다시피 우리 눈은 동공에 파묻혀 있어서 볼 수 있는 시야각이 한정되어 있다. 그렇기 때문에 거울 같은 다른 도구를 빌리지 않고서는 자기 얼굴을 제대로 볼 수가 없다. 자기를 둘러싼 주변 풍경이나 다른 사람의 모습과 표정은 볼 수 있지만 정작 자신의 얼굴은 보지 못한다. 이는 인간이 제힘으로는 자신의 모습을 관찰하지 못한다는 것도 있지만, 좀 더 깊게는 스스로를 객관적으로 이해하지 못한다는 것을 의미하기도 한다.

자기를 객관적으로 바라보는 것을 '자기 객관화(Self-Objectification)'라고 한다. 그런데 이 자기 객관화는 흔히 자기 자신을 하나의 물건이나 물질적 대상으로 인식한다는 의미로 사용된다. 그래서 간혹 자기 객관화를 비인간화의 의미와 연결시켜 부정적 뉘앙스로 쓰기도 한다. 하지만 이 책에서는 자기 객관화를 '제3자적 관점에서 객관적이고 분석적으로 스스로를 평가한다'는 의미로 사용하고자 한다.

주관적으로만 자기를 생각한다면 주관적 편견이 작용할 가능성이 있지만, 약간은 거리를 두고 자신을 바라보는 자기 객관화를 한다면 보다 공평하고 냉정하게 자신을 바라볼 수 있다. 그런 의미에서 자기 객관화는 '자기 분리(Self-Dissociation)'라는 말로 대체해서 사용할 수도 있다. 자기의 외모뿐만 아니라 내적인 생각이나 감정에 대해서도 객관적으로 검토하고 분석하는 것이다.

우리는 녹음된 자기 목소리를 들을 때나 거울에서 자기 모습을 볼 때 또 동영상을 통해 자기 모습과 목소리를 보고 들을 때 자기 객관화가 된다. 그리고 그것은 곧 자기로부터 벗어나서 자기가 아닌 타인의 관점에서 자신을 바라본다는 뜻이 된다. 핸드폰 속의 녹음 앱이나 카메라 앱은 자기 객관화를 위한 매우 유용한 도구이다. 성우, 아나운서, 리포터와 같은 사람들은 오디오를 통해서 자신의 발음이나 목소리를 분석하고, 배우나 가수는 비디오를 통해서 자신의 연기나 표정 그리고 제스처와 목소리를 끊임없이 분석한다. 운동선수들도 비디오를 통해 자기 객관화를 함으로써 자신의 장단점을 분석한다. 내가 처음 TV 방송에 출연했을 때에는 화면 속의 내 모습과 내 목소리를 보고 듣는 것이 무척이나 민망했다. 하지만 TV 출연을 여러 번 하게 되면서부터는 TV 속 내 모습을 조금씩 편안하게 보고 들을 수 있게 되었다. 그리고 그런 과정을 통해서 내 표정, 말투, 제스처 등에서 스스로 고칠 점을 하나씩 발견하게 되었다. '나는 저런 제스처를 잘 쓰는구나', '네게는 저런 언어 습관이 있구나', '다음에는 이렇게 해야겠구나' 하는 식으로 나 자신을 객관화할 수 있었다. 그리고 다른 사람들로부터 피드백도 받으면서 방송 화면 속의 내 모습에도 점차 익숙하게 되었다.

우리가 기쁨이나 화 같은 감정을 경험할 때는 자기 객관화와 반대인 '자기 주관화' 감정이 일어난다고 할 수 있다. 자기 주관화를 뒤에서 좀 더 구체적으로 설명할 NLP(Neuro-

Linguistic Programing, 신경 언어 프로그래밍) 분야에서는 연합 (association)이라고 한다. 연합이란 심리적으로 자신의 특정 정서나 감정 상태가 연결되고 몰입되는 것을 말한다. 예를 들어 영화를 볼 때 그 영화를 객관적으로 본다면 재미가 없다. 그 경우는 연합의 반대에 해당하는 분리(dissociation)의 상태다. 배우의 연기, 스토리, 음악이나 소품, 화면 배치, 장면 구성과 같은 것들을 제3자적 관점에서 분석적이고도 이성적으로 영화를 시청하는 상태다. 당연히 그 경우에는 정서나 감정이 작용하기 어렵다. 하지만 입장료를 지불하고 영화를 보러 가는 관람객이 이렇게 영화를 보는 일은 없다. 그것은 평론가가 하는 일이다. 우리가 영화를 감상한다는 것은 주인공을 배우로 인식하는 것이 아니라 나 역시도 영화 속 주인공이 되는 동일시 (identification)의 상태다. 그래서 스토리의 흐름 속에서 주인공의 마음에 연합하여 주인공의 시각에서 행동하고 느끼는 감정 상태를 그대로 경험한다. 만약 영화를 보는 관객이 그 정도의 몰입 상태가 된다면 그는 이미 주인공이 건 최면에 걸린 셈이다. 그래서 극 중 주인공과 함께 같은 마음을 느끼면서 눈물 흘리고 긴장감과 공포감을 느끼는 일종의 대리 경험을 하는 상태가 된다.

영화에서 좌절의 고통을 크게 겪는 주인공 역할을 맡아서 오랫동안 촬영을 마친 배우는 촬영이 끝나도 한동안 그 우울 상태나 좌절 상태를 쉽게 벗어나지 못하고 감정적 어려움을 겪는다고 한다. 이것 역시도 연합 상태이며 주관화된 상태라 할 수 있다. 만약 당신이 평소에 불안이나 우울, 분노와 같은 부정적 정서나 감정, 심한 스트레스 때문에 힘들다면 그 순간만큼은 당신은 당신을 주인공으로 하는 영화에서 주인공 역할을 잘 하고 있다고 볼 수 있다. 즉, 주인공으로서 당신은 스스로에게 잘 몰입되어 있으며 깊은 연합 상태에 빠져 있는 것이다. 하지만 당신이 계속해서 고통을 겪는 배우 역할에만 머물러 있다면 어떻게 될까? 집에 가서도 계속 영화 속 주인공처럼 살고 있다면? 아마도 당신의 삶은 힘들어질 것이다.

반면 영화평론가는 어떨까? 그는 객관화의 전문가라 할 수 있다. 어떠한 상황이나 현상 또는 예술 작품이라도 그것을 객관적으로 바라보고 비교하기도 하고 상대적인 눈높이에서 분석하고 비판적으로 평가할 줄 아는 지식과 능력이 있는 사람이나. 평론가처럼 우리도 스스로에 대하여 '자기 평론가'가 된다면? 나의 마음과 특정 순간에 하는 나의 행동, 그때 경험하고 표출히는 감정에 대해서 개관적으로 바라볼 수 있다면? 이 지점이 바로 이 책에서 말하고자 하는 자기 객관화의 모습이다.

배우가 진정으로 연기에 몰입한다면 연기상도 받고 관객에게 감동을 줄 수도 있다. 하지만 평론가는 결코 배우와 함

2부 감정에서 나를 분리하는 법

께 몰입해서는 안 되는 사람이다. 냉정을 잃지 말아야 하며 객관성을 놓쳐서는 안 된다. 다시 말하지만, 당신이 감정에 잘 빠진다면 그것은 당신을 주인공으로 하는 영화나 연극에서 당신이 연기에 몰입하고 주연 배우로서 역할을 잘 한다는 것을 의미한다. 정말로 배우라면 그것은 마땅히 칭찬받을 만한 일이다. 하지만 당신의 삶에서 당신은 배우이면서도 동시에 평론가가 되어야 한다.

나는 때때로 나 자신을 분리하는 연습을 한다. 길을 걸을 때면 가끔 드론이 되는 상상을 한다. 드론이 되어 공중으로 붕 떠오르면 터벅터벅 길을 걸어가고 있는 내 모습이 보인다. 만약 내가 화가 나 있는 상태이거나 또는 우울하거나 뭔가 심각한 스트레스 상태라면 드론이 되어 나를 객관적으로 내려다본다. '아, 저 친구가 지금 속이 좀 상해 있나 보군. 얼굴 표정이 어둡군. 아니 찡그리고 있군', '저 친구는 화가 많이 났나 보군. 뭐라고 거친 말을 입으로 내뱉으면서 주변의 돌을 발길로 툭툭 차면서 걸어가고 있는 것을 보니', '아니, 저 친구는 왜 저렇게 울면서 가고 있지? 그리고 횡단보도 신호등이 파란색으로 바뀌었는데도 멍하니 서 있기만 하네' 나는 드론이 되어 나의 행동을 하늘에서 바라보면서 분석하고 평가한다. 이 과정이 자기 객관화의 과정이다. 그렇게 자기 객관화가 되면 기존의 감정 상태에서 나를 분리하며 마음의 평정을 되찾는다. 마음이 그냥 무덤덤해지는 것이다.

물론 반드시 드론이어야 할 필요는 없다. 도로나 건물 안팎에서 흔히 볼 수 있는 CCTV 카메라가 될 수도 있다. 내가 길을 걸을 때도, 식당에서 식사를 할 때도, 카페에서 커피를 마실 때도 어디선가 카메라는 나를 지켜본다. 나쁘게 말하면 감시를 하는 것이지만 좋게 말하면 나의 안전을 지켜준다고 할 수 있다. 나는 그런 CCTV 카메라가 되어 때로는 앞에서 때로는 뒤에서 내 모습을 지켜본다. 필요하면 줌인으로 나의 표정이나 모습을 확대해서 볼 수도 있다. 그리고 볼륨을 높여서 내가 누군가와 나누는 대화도 엿들을 수도 있다.

화내는 내 모습을 카메라로 지켜본다면? 내가 찡그린 표정을 하고 욕이라도 할 때 감시 카메라가 줌인해서 그 표정을 잡아내고 욕하는 목소리를 나에게 들려준다면? 그런 경우에도 나는 계속해서 화를 낼 수 있을까? 이 모든 것은 상상으로도 가능하다. 지금 이 책을 읽는 동안에는 정말 그렇게 하면 되겠냐고 생각할지 모른다. 하지만 막상 어떤 폭발적인 감정 상태에 빠져 있으면 아무 생각이 나지 않고 일어난 감정에만 충실하게 된다. 왜냐하면 그것이 그동안의 당신의 습관이었으니까. 평생 우리는 그렇게 말하고 행동하고 또 감정을 표현하면서 살았다. 한순간 생각을 달리한다고 해서 쉽게 달라지거나 바뀌지는 않는다. 그래서 자기 객관화에도 반복적인 연습과 훈련이 필요하다. 무의식에 강하게 입력되어 프로그램화되고 습관이 되어 있지 않으면 의식적인 차원에서 그런 내용이 전혀 생각나지 않는다. 하지만, 습관이 되고 그래서 무의식적으로 자동화가 된다면 화가 나는 일이 생겨도 한순간 정신을 차리면서 스스로 드론을 띄울 수 있고 감시 카메라를 통해 나를 지켜볼 수 있다. 결과적으로 자기 객관화가 되면서 감정적 분리를 경험하게 된다.

이제 다음에 설명하는 요령으로 실습을 하고 연습을 해보자. 적어도 일주일은 반복적으로 실시하고 경험해보자. 그렇게 하는 동안에 어떤 변화가 생기는지도 관찰해보자.

지금 이 책을 읽고 있는 당신은 어디에서 어떤 자세로 있는가? 만약 실내에 있다면 그 모습을 천장에서, 야외라면 하늘에서 내려다보는 상상을 해보라. 당신은 어떤 옷을 입고 있는가? 주변에는 무엇이 있는가? 당신은 그곳에서 무엇을 하고 있는가? 이번에는 당신의 모습을 전방과 후방 카메라로 각각 바라본다고 상상해보라. 이번에는 100미터 정도 먼 곳에서 당신을 바라본다고 상상해보라. 다양한 위치에서 당신을 바라보는 연습을 하는 동안 당신의 기분이 어떻게 달라지는지 느껴보라. 상상 속에서 드론을 하늘로 띄워보라. 이제 당신 스스로가 드론이 되어 아래를 내려다본다고 상상해보라. 밑에서 걸어가고 있는 당신 자신을 보라. 당신은 어떤 자세와 어떤 모습으로 걸어가고 있는가? 평소에 자주 경험하는 부정적 감정 상태나 스트레스 상태의 자신을 생각해보라. 그런 당신을 드론이 되어 다시 내려다본다고 상상해보라.

4. 감정의 색깔 바꿔보기

초등학교 시절의 일이다. 어릴 때부터 교회에 다녔던 나는 주위로부터 항상 모범생 소리를 들었다. 아마도 내 천성이 여리고 부드러웠으며 성실했기 때문에 그랬던 것이리라. 나라 전체가 경제적으로 어렵던 시절이라 주변에는 거친 아이들이 많았기에 어쩌면 상대적으로 내가 더 착실하게 보였을 것이다. 그런 상황에서 나는 교인 수가 많지 않은 작은 교회에서 장래가 촉망되는 아이로 많은 사람들로부터 기대를 한껏 받고 있었다.

어느 날 시내 교회 대항의 어린이 성경 암송대회가 있었다. 성경의 특정 부분을 암기해서 사람들 앞에서 발표를 하는 대회였다. 나는 이 대회에서 우리 교회 대표로 선정되었다. 대표로 선발된 이후 나는 곧바로 지도 선생님의 가르침을 받으며 대회 준비를 했다.

드디어 대회 당일, 그동안 공부했던 실력을 많은 사람들 앞에서 뽐낼 때가 왔다. 한 아이씩 단상에 올라가 암송을 시작했고, 곧 내 순서였다. 긴장감이 밀려왔지만 시작은 아무런 문제가 없었다. 하지만 암송이 중반쯤 넘어왔을 때, 갑자기 성경 구절 하나가 생각나지 않았다. 속사포처럼 움직이던 내 입이 순간 꽉 다물어져 떼어지지가 않았다. 그 순간 '붉은' 심장이 쿵쾅거리며 온몸을 흔드는 것을 느낄 수 있었다. 그리고 머릿속이 '하얘'졌다. 더 이상 아무것도 보이지 않는 '깜깜한' 상태가 되었다. 몸에서는 식은땀이 줄줄 흘러내리는 것 같았다. 얼굴은 '붉어'졌고 온몸에서 더운 열기가 느껴지면서 점점 부끄럽고 창피한 생각이 밀려오기 시작했다. 이 상황을 벗어나야 하는데 어떻게 해야 할지를 몰랐다. 나는 꿀 먹은 벙어리처럼 한참이나 아무 말 없이 그 자리에 서 있기만 했다. 그리고 얼마 후 나는 더 이상 어쩌지 못하고 단상에서 내려왔다.

지금 이 글을 쓰는 순간에도 그때 상황이 떠오르고 당시의 감정이 느껴진다. 머릿속이 '하얘'지면서 아무 싯도 생각나지 않던 순간 그리고 '붉은' 심장이 쿵쾅거리던 느낌, 아무것도 없는 '백'지 상태의 내 머리, 그리고 등줄기를 타고 흐르던 땀. 그리고 부끄러움과 창피함 등등…….

내 이야기를 들은 독자들은 당시 내 감정이 어떤 색깔로 채색되어 있는지 대략 눈치챘을 것이다. 이미 눈치 빠른 독자들은 내가 썼던 단어나 표현 중에서 색깔을 묘사한 것들을 통해 내가 느낀 감정을 그대로 느꼈을 것이다. 이처럼 우리가 경험하는 감정에는 색깔이 있다. 사실 우리는 특정한 감정을 경험할 때도 그렇고 그 감정을 말로 표현할 때도 그렇고, 부지불식간에 색깔을 떠올린다. 그것은 내 감정을 색깔을 통해서 표현하는 법을 어릴 때부터 배워왔기 때문이다. 우리는 부모님을 비롯한 주변 사람들의 언어를 통해서 그리고 교육을 통해서 감정을 색깔에 결부시키는 것을 배웠다. 색깔이 반영된 감정 표현의 예를 살펴보자.

"내 마음에 어두운 그림자가 드리웠다. 왠지 불안한 마음이 들었다", "그 소식을 들었을 때 갑자기 내 마음에 먹구름이 몰려오는 것 같았다", "친구로부터 그렇게 배신을 당했을 때 시뻘건 불덩어리 같은 것이 내 가슴에서 올라왔다", "내 가슴에는 언제부터인가 검정색 숯덩이 같은 것이 깊게 자리하고 있었다", "푸른 하늘과 같은 파란 내 마음은 너무도 가볍다", '핑크빛 사랑의 감정', '검게 타들어 가는 가슴의 분노', '하늘이 노래질 정도의 충격', '붉은 열정', '회색빛의 불안과 걱정', '그토록 붉은 사랑', '붉은 욕망', '잿빛 우울'.

일상 대화에서 이렇게 말하는 사람은 드물지만 시나 소설, 노래 가사 등에서는 우리가 감정 표현을 할 때 색깔을 많이 사용한다는 것은 금방 알 수 있다. 동요에도 이와 비슷한 것이 있다. 우리가 잘 아는 〈파란 마음 하얀 마음〉(어효선 작사, 한용희 작곡)이라는 동요를 살펴보자.

"우리들 마음에 빛이 있다면 여름엔 여름엔 파랄 거예요. 산도 들도 나무도 파란 잎으로, 파랗게 파랗게 덮힌 속에서 파아란 하늘 보고 자라니까요."

마찬가지로 색을 넣어서 표현했다. 여기서 우리가 중요하게 봐야 할 포인트는 이렇게 학습된 언어가 우리의 감정 체계를 통제하고 있기 때문에 우리가 감정의 색깔을 바꾸거나 다른 색깔의 언어로 표현하게 되면 느껴지는 감정 자체가 달라지고 감정에 대한 느낌도 달라질 수 있다는 사실이다.

여러분은 혹시 '푸른 청춘'이란 말을 들어보았는가? 혹시 그런 용어를 사용해봤는가? 그것은 어떤 것이며 어떤 느낌을 주는가? 그것은 긍정적인 느낌을 줄까, 부정적인 느낌을 줄까? 이 물음에 대한 답을 얻기 위해 '푸른'이라는 색깔 대신 '붉은'을 넣어보자. '붉은 청춘'이라고 했을 때는 어떤가? '푸른 청춘'과 어떻게 다른 느낌이 드는가? 혹시 그 차이가 색깔의 차이 때문이라고 할 수 있을까? 그렇다. 감정의 색깔이 바뀌면 감정 자체가 달라지고 기분도 달라진다.

지난 몇 년간 서로 좋아하고 사귀었던 이성 친구와 헤어진 후에 슬프고 우울한 나날을 보내던 20대 여성 한 분이 나를 찾아온 일이 있다. 나는 그녀에게 자신의 기분을 색깔로 표현해보라고 했다. 그녀는 '마음이 잿빛 구름으로 가득하고 하늘이 깜깜한 기분'이라고 말했다. 물론 그녀가 처음부터 그렇게 자신의 마음 상태를 표현한 것은 아니다. 내 질문의 의미를 제대로 이해하지 못해 엉뚱한 대답을 하기도 했지만 몇 번의 대화 끝에 결국엔 자신의 마음을 색깔로 표현할 수 있었다. 이어서 나는 그녀에게 좋아하는 색깔에 대해서 물었다. 그녀는 파란색과 보라색을 좋아한다고 했다. 그래서 나는 잠시 눈을 감게 한 후 상상을 하도록 권유했다. 잿빛 구름을 보랏빛 구름으로 바꾸어보고, 깜깜한 하늘은 파란색으로 바꾸어보라고 했다. 잠시 후, 그녀의 표정이 달라지는 것을 볼 수 있었다. 한결 편하고 환해진 모습이었다. 그래서 혹시 기분이 어떻게 달라졌는지도 함께 물어보았다. 그녀는 이상하게도 그냥 마음이 가벼워지는 것 같다고 하면서 평소에 늘 마음이 무겁고 가라앉는 기분이었는데, 순간적으로 마음이 밝아지고 가벼워지는 느낌이 들고 뭔가 몸 상태도 가벼워졌다고 말했다.

나도 때로는 기분이 무겁고 속상할 때가 있다 최근에 나는 평소에 알고 지내던 이웃이 너무 예의 없이 함부로 행동하는 것 때문에 기분이 상하고 화가 났던 적이 있다. 그리고 그 마음이 한참이나 없어지지 않고 계속해서 나를 답답하고 힘들게 하고 있음을 느꼈다. 그래서 그 마음을 해소해야겠다 생각하고 스스로 내 마음 상태를 살펴보고 느껴보았다. 그랬더니 검은색 돌 이미지가 하나 떠올랐다. 그것이 내 가슴을 누르고 있다는 생각을 하게 되었다. "아, 저 '검은 돌'이 문제구나."

나는 잠시 눈을 감고 심호흡을 했다. 그런 다음 돌의 검은색을 내가 좋아하는 노란색으로 바꾸었다. 그리고 그 돌을 작게 만들고 먼지처럼 축소시켰다. 그리고 마지막에는 실제로 먼지를 날리듯 입으로 "후" 하고 멀리 날려버렸다. 그와 동시에 화가 났던 내 감정이 먼지가 되고 눈앞에서 사라져 없어지는 상상을 했다. 잠시 후에 눈을 떴을 때는 가슴에 있던 돌은 사라져버렸고 가슴도 더 이상 답답하지 않다는 것을 느낄 수 있었다. 물론 기분도 한결 편해졌다.

당신도 이 같은 방식으로 마음과 감정을 변화시킬 수 있으며 스트레스 상황에서도 빨리 벗어날 수 있다. 다음과 같이 한번 해보자.

당신이 최근에 힘들었거나 스트레스 경험을 했다고 생각되는 일, 상황, 사건에 대해서 생각해보라. 그때 느꼈던 감정은 어땠는지 생각해보라. 시각적 차원에서 어떻게 설명하고 묘사할 수 있는지, 어떤 형태의 시각적 이미지가 생각나는지 떠올려보라. 감정을 색깔로 표현한다면 어떤 색깔인지 생각해보라. 색깔을 하나 이상의 단어나 문장으로 표현해보라. 그런 다음 그것을 종이나 노트에 적어보라. 눈을 감고 심호흡을 해보라. 이제 그 감정과 관련한 시각적 특성을 바꾸고 색깔도 바꾸어보라. 어떤 이미지, 어떤 색깔이든 기분을 더 좋게 하는 것이면 상관없다. 그렇게 이미지와 색깔을 바꾸었을 때 어떻게 마음이 달라지는지 느껴보라.

5. 몸을 두드리며 확언하기

나는 홀어머니의 외아들로 어린 시절을 보냈다. 그러다 보니 유독 어머니의 사랑을 많이 받고 자랐다. 어머니는 벌써 한참 전에 내 곁을 떠나셨지만 지금도 어머니를 생각하면 따뜻한 손길과 감촉이 느껴진다. 그것은 부드러우면서 따뜻했다.

내가 아플 때면 어머니는 늘 나를 만져주었다. 배가 아프거나 불편할 때면 내 배를 만지고 쓰다듬어줬고 때로는 등을 두드려주기도 했다. 그러면 잠시 후 배가 편안해지곤 했다. 그때의 어머니 손은 약속이었다. 머리가 아플 때도 어머니가 이마를 만져주고 안아주면 아픈 곳이 괜찮아지곤 했다. 손에 어떤 특별한 능력이 있는 게 아닐까 하는 생각이 들 정도였다. 몸이 허약해서였는지 자주 아팠던 나는 그렇게 어머니의 손길이 몸에 닿으면 아픈 것이 나아지는 경험을 많이 하면서 자랐다.

꼭 아플 때만 어머니가 그런 식으로 내 몸을 만져주고 두드려주었던 것은 아니다. 학교를 마치고 집에 올 때면 항상 엉덩이를 두드리면서 "우리 똥강새이, 이제 왔나. 그래, 오늘 학교는 어땠노?" 하곤 머리를 쓰다듬어주고 안아주곤 했다. 나는 늘 어머니의 따뜻한 말과 스킨십 속에서 자랐기 때문에 누구보다도 어머니의 사랑을 많이 느꼈다.

우리는 평소에는 잘 못 느끼다가 꼭 아프거나 하면 건강의 소중함을 다시 떠올린다. 아이들도 마찬가지다. 평소에는 엄마의 소중함을 생각하지 못하다가 집을 한참 떠나 있거나 하면 엄마가 보고 싶고 엄마 생각에 울기도 한다. 그리고 몸이 아플 때면 더더욱 엄마를 찾게 된다. 그때 엄마가 나타나서 머리나 배를 만져주거나 하면 그 느낌은 참으로 좋은 위로가 된다. 무섭고 놀라는 일이 있을 때도 엄마가 만져주거나 안아주면 안심이 되고 괜찮아진다. 이런 행복한 경험은 누구나 갖고 있을 것이다.

이번 장에서 내가 말하고 싶은 것은 엄마의 손길이다. 그런데 그 손길을 단순히 스킨십 정도로만 생각할 일은 아니다. 그 이상으로, 몸을 두드리는 것까지도 포함한다. 즉, 가슴을 두드리는 것, 어깨나 등을 두드리는 것 등도 포함한다.

엄마는 아이가 슬퍼하거나 울 때 등을 두드려주거나 안아주면서 위로를 해주고, 아이가 우울해 하거나 좌절감을 겪을 때는 등을 두드려주며 위로와 격려를 한다. 그리고 소화가 안 되거나 속이 불편할 때는 등이나 배를 쓰다듬고 두드림으로써 편하게 해준다. 엄마의 이런 터치와 두드림은 신기하게도 증상이 개선되는 효과를 낳는다. 사람들은 그것을 실제적인 효과가 아니라 단순히 엄마의 사랑으로 생기는 심리적 진정 효과 또는 플라시보 효과(Placebo Effect)로 생각하는 경향이 있다. 플라시보란 가짜 약 또는 위약(僞藥)이라는 의미로, 가짜 약을 진짜 약인 줄 알고 복용함으로써 생기는 심리적 효과를 플라시보 효과라 한다. 그런데 두드리는 행위나 자극 자체가 실제로 인체에 특별한 영향을 미쳐 치유 효과를 낸다는 이론과 임상 결과가 있다. 대표적인 것이 바로 EFT(Emotional Freedom Technique, 정서 자유 기법)이다. 이것은 부정적인 정서 경험이나 특정 사건과 관련되어 떠오르는 감정과 기억을 두드리는 행위를 통해 해소시키는 심신 치유법이다. 일종의 에너지 치료 기법에 해당한다.

에너지는 흔히 기(氣)라고 알려진 신체 에너지를 의미한다고 앞에서 언급했다. 특히 우리나라를 비롯한 동양 전통에서는 기(氣)를 중시한다. 그래서 크게 놀라거나 충격을 받을 때 "기가 막힌다"는 표현을 하며 기분이 좋고 용기백배 할 때는 "기가 살았다"는 표현을 한다. 여기서 기분, 용기라는 단어에도 '기'라는 글자가 포함되어 있다. 이것만 보더라도 우리 일상생활에서 기와 관련된 표현이 얼마나 많은지 짐작할 수 있다. 한의학에서는 기본적으로 인체를 기 차원에서 설명하면서 모든 병이 기의 조화가 깨지거나 기의 순환이 막혀서 생긴다고 보기 때문에 "기가 막힌다"라고 한 표현도 "기의 흐름이나 순환이 막혀 몸이 아플 지경이다"라는 의미를 내포하고 있다고 볼 수 있다. 몸에서 기가 돌아다니는 곳, 기가 순환하는 통로를 경락이라고 한다. 경락 중에서 특히 기운이 잘 조절되는 포인트를 경혈 또는 혈 자리라고 부른다. 한의학에서는 이 경혈이 막힐 때 병이 생긴다고 보기 때문에 이곳에 침이나 뜸을 놓아 막힌 기의 흐름을 자유롭게 하고 병도 치료한다.

EFT는 바로 이 같은 원리로 몸을 두드리는 행위를 통해 몸 안의 에너지, 즉 기를 흐르게 해서 감정의 고통을 치유하는 방법이다. 이 방법은 1990년대 게리 크레이그(Gary Craig)라는 미국인에 의해 개발되었다. 크레이그는 서양의 심리학과 함께 한의학을 포함한 넓은 의미의 동양 의학적 전통을 받아들이고 공부하여 EFT를 개발했다. 그는 경혈에 침이나 뜸을 놓는 대신 환자에게 자신의 고통이나 문제에 대해 말로 표현하게 하고, 손가락으로 경혈에 해당하는 몸의 특성 타점을 두드리게 함으로써 치유 효과를 볼 수 있는 기법을 개발했다. EFT의 원리는 단지 신체적 고통뿐만 아니라 심리적 문제를 해결하는 데에도 큰 도움을 준다. 그리고 그 방법이 아주 단순해 누구나 쉽게 활용이 가능하다. 바로 이 점이 EFT의 가장 큰 장점이다. 지금까지 국내외로 나의 저서를 포함하여 EFT의 효과에 대해 소개한 책이나 연구물들은 많다.

눈썹 타점
눈가 타점
눈 밑 타점
쇄골 타점
코 밑 타점
턱 타점
겨드랑이 타점

EFT의 타점

EFT에서 타점을 두드리는 것을 영어 표현 그대로 태핑(tapping)이라고 한다. 태핑하는 몸의 부위는 비록 정확하지는 않지만 한의학의 경혈과 유사하다. EFT에서의 타점 숫자는 한의학에서 침을 놓는 자리보다 적어서 일반인들이 기억하기에 좋다. 또 단지 손가락만 사용하기 때문에 생활 속에서 실제로 해보기에도 좋다. EFT의 타점 중에서 얼굴과 상체에 해당하는 것은 총 일곱 개로 눈썹, 눈가, 눈 밑, 코 밑, 턱, 쇄골, 겨드랑이이다. 이들 자리를 한 개 또는 두 개의 손가락으로 차례로 태핑하면 되는데 이때 확언(確言, affirmation)이라고 하는 긍정적 암시를 입으로 직접 말하는 것이 중요하다. 확언의 방법은 여러 가지가 있지만 지금 자신의 불편한 상태를 말로 진술하는 것이 핵심이다. 예를 들어, 가슴이 답답한 경우에는 그냥 "가슴이 답답하다"고 말하면 된다. 그리고 불안하여 가슴이 두근거린다면 "불안하다", "가슴이 두근거린다"라는 식으로 말하면 된다. 시험이나 발표 때문에 걱정이 된다면 "시험 때문에 걱정이 된다", "발표 때문에 걱정이 된다" 이렇게 말하면 된다. 하나도 어려울 게 없다. '정말 이렇게 하면 치유가 돼?' 하고 의심이 들 정도다. 하지만 심리적 안정을 찾고 마음이 진정되는 효과는 여러 차례 임상적으로도 증명된 사실이다. 이처럼 EFT는 간단한 말과 함께 손가락으로 내 몸의 몇 개 포인트를 태핑하는 식으로 진행되기 때문에 누구나 쉽게 할 수 있다.

우리 몸은 가운데를 중심으로 좌우대칭의 형태를 가지고 있다. EFT에서는 좌우를 가리지 않는다. 어느 쪽에서 태핑을 하든 상관이 없다. 좌우의 어느 쪽에서 시작하여 끝을 내든 또는 중간에 좌우를 바꾸어서 태핑을 해도 아무런 문제가 없다. 먼저, 눈썹 타점은 코 바로 위의 좌우 쪽으로 눈썹이 시작되는 부위이다. 한두 개의 손가락 끝으로 왼쪽이든 오른쪽이든 그 부위를 아프지 않을 정도로 가볍게 두드리면 된다. 보통 평균 7회 정도 태핑을 하면 된다. 눈가 타점은 눈썹이 시작되는 지점의 반대편, 즉 눈썹의 끝자리 부위이다. 이 부위를 마찬가지 요령으로 태핑을 하면 된다. 눈 밑 타점은 눈동자 중앙 바로 아래쪽이다. 코 밑 타점은 코의 바로 밑 중앙 부위로 인중이라고 하는 곳이다. 턱 타점은 턱의 한가운데이다. 목 아래쪽에 쇄골이라는 뼈의 정 중앙에서 좌우로 약간 솟아오른 부위는 쇄골 타점이다. 마지막 겨드랑이 타점은 겨드랑이에서 약간 아래쪽 옆구리 부위에 있다.

　20대 직장인 창민 씨의 이야기다. 그는 남들이 부러워하는 꽤 좋은 직장에서 사원으로 일하고 있었다. 하지만 안타깝게도 팀장과의 관계를 몹시 어려워했다. 팀장은 아주 깐깐한 성격의 소유자로 매사에 확실하고 완벽주의에 가깝게 일을 처리하는 사람이었다. 부하가 잘못한 것에 대해서도 가차 없이 비판을 가하는 사람이었다. 반면 창민 씨는 내성적이고 여린 사람이라 그런 팀장을 몹시 어려워했다. 그러던 차에 팀장으로부터 공개적으로 면박을 당하는 일이 있었다. 그 이후로 창민 씨는 업무에 대한 불안이 심해졌고 팀장을 제대로 쳐다보지도 못할 정도로 힘든 시간을 보내고 있다. 상황이 이쯤 되다 보니 그는 회사를 그만둘 생각까지 하고 있었다.

　나는 그에게 EFT 처방을 내리기로 마음먹었다. 먼저 EFT의 원리와 방법에 대해서 간단히 설명해주었다. 그리고 본격적인 처치에 앞서 자신이 느끼는 불안의 정도가 10점 만점에

몇 정도가 되는지 주관적으로 측정해보라고 했다. 그는 현재 자신의 불안 정도가 7에 해당된다고 했다. 나는 태핑을 하는 동안 불안 정도는 점점 내려갈 테니 자신의 상태를 잘 체크해보라고 했다. 그러고는 눈썹 타점을 시작으로 겨드랑이까지 평균 7회씩 태핑을 해주었다. 그렇게 하는 동안 나는 그에게 "불안하다"라는 자신의 상태를 계속 말하게 했다. 그리고 일곱 곳의 타점을 모두 다 태핑하는 한 라운드가 끝날 때마다 기분 상태가 어땠는지 물었다. 그는 처음에 한 라운드를 마쳤을 때는 5 정도로 불안 정도가 줄어들었다고 말하더니, 두 번째를 마쳤을 때는 3 정도로 불안이 내려갔다고 했다. 그러고는 마음이 많이 가벼워졌다고도 했다. 나는 이번에는 팀장에 대해서 생각해보라고 하고, 그때 어떤 감정이나 기분이 드는지에 대해서도 물어보았다. 그는 뭔가 "이상하다"고 말하면서 태핑이 이루어지는 동안 팀장에 대한 마음이 완전히 사라진 것은 아니지만 처음보다는 훨씬 가벼워졌다고 대답했다. 그래서 나는 태핑을 두 차례 더 도는 동안 "팀장님이 어렵다"는 말을 반복하게 했다. 그랬더니 그는 거짓말처럼 불편한 마음이 완전히 사라졌고 덩달아 불안도 없어졌다고 말했다.

물론 이 같은 효과는 개인에 따라 차이가 날 수 있다. 하지만 정도의 차이는 있을지언정 마음이 진정되는 효과는 충분히 확인할 수 있다. 만약 이 과정을 혼자서 하게 된다면 스스로 자신의 타점을 태핑하면서 확언을 하되, 문제가 해결되었다고 느낄 때까지 여러 번의 라운드를 계속해서 반복하는 것이 중요하다. 본격적인 태핑을 시작하기 전 자신의 문제와 관련한 불편, 고통, 스트레스의 정도를 미리 스스로 머릿속으로 생각해본 다음 태핑을 하는 도중이나 태핑을 끝낸 다음에 자신의 상태를 스스로 체크하면서 반복한다면 자신의 상태나 개선의 정도를 좀 더 쉽게 알 수 있다. 그리고 이미 눈치를 챈 독자들도 있겠지만 자신의 상태를 머릿속으로 측정해보는 것 자체가 자기 객관화의 한 과정이라고 할 수 있다.

이 책을 읽는 독자 여러분들도 필요할 때면 언제라도 해보기를 권한다. 다만 지금까지 설명한 것은 EFT의 전체 과정의 내용이 아니라 쉽게 활용할 수 있는 단축 과정에 해당한다. 개인이나 문제에 따라서 이 짧은 단축 과정만으로는 문제 해결이 잘 안 될 수가 있는데 그런 경우에는 조금 더 길지만 전체 과정을 시행할 필요가 있다. 온라인 검색을 해보면 정확한 타점의 위치를 보여주는 이미지나 동영상 등이 있으니 그것을 참고하되 더 관심 있는 독자들은 보다 전문적인 책이나 자료를 활용하기 바란다.

한 가지 주의할 점은 한 세션을 할 때 여러 가지 문제를 한꺼번에 다루지 말아야 한다는 것이다. 즉, 한 세션에서는 한

가지 주제나 이슈를 다루되 그것이 해결될 때까지 반복하는 것이 좋으며 일단 그 문제가 해결되었다 싶을 때 그다음 문제로 넘어가는 것이 좋다. 그리고 각 세션에서도 진전 상황에 따라 바뀔 수 있는 생각, 기분, 느낌, 상태에 따라 그것에 맞게 말이나 표현을 조금씩 다르게 바꾸어도 좋다.

마지막으로 한 가지를 첨언하자면 EFT에서의 확언을 할 때의 주의점에 대해서다. 사람들은 확언을 할 때면 '긍정적인 말'로 해야 하지 않느냐고 질문을 한다. 그런데 실제로 앞에서의 설명이나 예시를 보면 부정적인 말도 등장한다. EFT의 확언은 일반적으로 알려진 '끌어당김의 법칙'에서 가르치는 것처럼 '긍정적인 것을 끌어오게' 하기 위한 것이 아니라 '부정적인 것을 소멸시키고 사라지게' 하기 위함이다. 그러므로 현재 경험하는 스트레스나 심신의 불편함을 있는 그대로 표현하는 것이 중요하다. 실제로 불안할 때는 "불안하다"고 해야 불안이 사라지면서 마음이 평안해진다는 것이 EFT의 원리다.

6. CTFAR 원리로 일기 써보기

내가 사는 동네는 도심에서 제법 떨어진 곳으로 주변이 산으로 둘러싸여 있다. 덕분에 나는 건강을 위해 산을 자주 다닌다. 유난히 더운 어느 여름날이었다. 그날도 평소처럼 산에 올랐다. 그날따라 땀도 많이 나고 갈증도 심하게 느껴졌다. 물을 따로 휴대하지 않았던 터라 물 생각이 간절했다. 다행히 등산로를 따라가다 보면 야외 시설물이 하나 있고 그곳에 급수대가 설치되어 있던 게 기억이 났다. 나는 조금만 더참으면 시원한 물을 마실 수 있다는 희망으로 하산 길을 재촉했다.

드디어 급수대를 발견하고 힘차게 수도 밸브를 돌렸다. 그리고 곧바로 수도꼭지에 입을 갖다 대고서는 한참을 꿀꺽꿀꺽 물을 마셨다. 잠시 후, 갈증이 해소되고 기운이 나는 것을 느낄 수 있었다. 나는 그제서야 수도꼭지에서 입을 뗐다. 그런데 입을 떼자마자 나는 화들짝 놀랐다.

맑은 수돗물이라고 상상했던 그 물은 그냥 더러운 일반 지하수였다. 요즘은 수돗물 먹기도 꺼림직한데 지하수라니, 그러고 보니 물색도 누런 흙빛처럼 보였다. 내가 이 물을 그냥 아무 생각 없이 마셨단 말인가? 이런 생각이 드는 순간, 나는 배가 이상한 것 같은 느낌과 함께 구토가 날 것 같은 역겨움이 올라왔다. 뿐만 아니라 곧 배가 아파질 것 같은 불안감과 함께 몸도 긴장되고 있음을 느꼈다. 바로 그 순간 병원 응급실에 누워 있는 내 모습도 상상이 되었다. 큰일 났다는 생각과 함께 갑자기 마음이 다급해지기 시작했다. 이제 어떻게 해야 할까? 가까운 공중화장실은 어디에 있지? 아니 병원을 가봐야 하는 건 아닐까? 이런저런 불안한 마음으로 생각이 복잡해지며 머리까지 아파오기 시작했다. 그런데 금방이라도 무슨 일이 일어날 것 같은 생각들이 실제로 몸으로 나타나지는 않았다. 배가 아프고 구토가 시작될 것 같은 역겨운 기분과는 별개로 몸 상태는 잠잠했다. 하지만 언제든지 문제가 생길 것 같은 기분은 계속 되었고 그럴수록 혹시나 하는 긴장감은 사라지지 않았다. 내 하산 길은 점점 빨라질 수밖에 없었다.

다시 얼마의 시간이 흘렀을까? 뜻밖에도 내 마음에서는 전혀 다른 생각이 떠오르기 시작했다. 내가 누구인가? 나는 바로 원효대사의 후손이 아닌가? (당나라 유학길에 해골 물을 마시고 일체유심조(一切唯心造)의 큰 깨달음을 얻은 원효대사는 실제로 나의 직계 조상님이다. 원효대사는 의상대사와 함께 당나라로 떠나던 유학길에 어느 동굴 속에서 유숙하다 잠결에 바가지에 든 물을 마시고는 '달콤하다'고 느꼈다. 하지만 그다음 날 아침에 일어나서 보니 그건 해골바가지에 담긴 썩은 물이었다.) 내가 비록 근거도 알 수 없는 지하수를 먹긴 했지만 원효대사 할아버지가 마셨던 해골 물보다는 더 나은 물이 아닌가? 그렇게 생각하는 순간 내 마음이 조금씩 가라앉는 것을 느낄 수 있었다. 그리고 동시에 이런 생각도 들었다.

　'나는 지금 무엇을 하고 있는가? 원효대사 할아버지도 처음에는 역겨웠고 구토 직전까지 갔지만, 일체유심조의 큰 깨달음을 얻고서는 아무렇지 않은 마음이 된 것 아닌가. 그리고 큰 깨달음을 얻었으니 굳이 당나라까지 갈 필요가 없다고 생각하고는 곧바로 고국인 신라로 돌아가지 않았던가?' 그런 생각들이 내 머리를 스쳐 지나가자 나는 마음이 편안해짐을 느꼈다. '그래, 오늘 마신 물은 내 갈증을 잘 해소해줬고 나의 피로를 풀어준 고마운 물이야. 그래서 내 위장도 시원하게 그 물을 받아들이면 돼. 지금쯤 그 물을 잘 소화시키고 있을 거야!' 실제로 그 이후 내 몸에는 어떤 문제도 일어나지 않았다. 배탈이 나지도 않았고 구역질 같은 게 일어나지도 않았다.

　나는 이 우연한 체험을 통해 외람되게도 원효대사의 깨달음에 조금이라도 다가선 것 같은 기분이 들었다. 원효대사처럼 내 마음을 바꿀 수 있게 되었고 그 덕분에 큰 위기 상황을 무사히 넘길 수 있었다. 그 후로 나는 강의나 강연 같은 기회가 있을 때마다 사람들에게 나의 경험담을 들려주곤 했다.

실제로 우리는 일상생활을 하면서 생각이 감정을 만들고 생각을 바꿈으로써 감정도 바뀌는 경험을 많이 한다. 예를 들어 시험을 앞두고 있는 학생이 시험 점수가 나쁘면 어떡하나 하는 걱정 때문에 불안해 하다가도 '아니야, 이번 시험은 쉽게 나온다고 했으니 괜찮을 거야', '이번에는 다른 때보다 더 열심히 준비했으니 잘 칠 수 있을 거야' 하는 식으로 생각을 바꿈으로써 평정심을 찾는 경우를 자주 본다.

여러 번 전화를 했지만 응답이 없는 친구에 대해 '나를 무시하는 건가'라고 생각하고 기분이 나쁘고 우울했지만 생각해보면 나도 다른 사람의 전화를 제때 받지 못한 경우가 있었음을 깨닫고 마음이 가라앉은 경험들이 있다. 길을 걷다 발을 헛디디는 바람에 발목을 다치는 일이 발생했는데 그때 재수없다고 생각하고 혼자서 불평하고 짜증을 낼 수도 있지만 생각을 바꾸어 더 크게 다치지 않아서 다행이라고 생각하며 감사하게 생각할 수도 있다.

이상의 이야기들은 모두 생각 때문에 원하지 않는 감정이 생기게 되는 예들이다. 거꾸로 얘기하면 마음을 고쳐먹고 생각을 바꿈으로써 나쁜 감정에서 벗어날 수 있었던 예라고도

할 수 있다. 그런데 앞에서도 말했듯이 우리는 누구나 이 정
도의 상황은 각자 경험 속에서 실천하고 있다. 그렇게 본다면
우리는 이미 일체유심조의 원리를 생활 속에서 잘 따르고 있
는 것이다.

우리는 특정 상황에서 긍정적인 감정도 경험하지만 부정
적인 감정도 경험한다. 부정적인 감정으로 대표적인 것이 바
로 스트레스와 관련된 것으로 불안, 슬픔, 우울, 분노, 죄책감,
열등감, 외로움과 같은 것들이다. 경우에 따라 자존심이 상할
수도 있고, 자신감이 떨어지는 경험을 할 때도 있다. 그리고
그러한 감정 때문에 울기도 하고 소리를 지르기도 한다. 감정
때문에 가족 간에, 부부 간에, 친구 간에 서로 싸우기도 한다.
심지어는 극단적인 선택을 하는 불행한 일도 생긴다. 이 모두
가 감정 때문이다.

그리고 우울이나 불안의 감정 때문에 알코올 중독이 생기
기도 하고 폭식이나 과식과 같은 섭식장애가 생기기도 한다.
섭식장애는 비만으로 이어져 다시 다이어트를 통해 해결하
려고 하지만 다이어트 과정에서 요요 현상을 경험하며 우울
감이 밀려오고, 우울한 감정에서 벗어나기 위해 다시 무의식
적으로 음식을 찾게 되는 악순환의 과정을 반복하기도 한다.
이런 문제들은 겉으로는 모두가 감정 때문에 생긴 것처럼 보
이지만 그 밑에는 생각이나 신념들이 있다. 감정은 절대로 아

무 일 없는 진공 상태에서 만들어지지 않는다. 어떤 형태로든 특정한 상황에서 특정한 생각을 하게 되고, 그 상황과 관련해 어떤 신념의 잣대가 적용되어 감정이 일어난다. 결과적으로 감정은 여러 가지 문제를 발생시키고 불행한 결과를 초래한다. 앞서 예로 들었던, 내가 지하수를 마신 경우와 기타 다른 경우들에 빗대어보면 잘 이해할 수가 있다. 이 모두가 생각 때문이다.

브룩 까스티요 (사진 ©2021 THE LIFE COACH SCHOOL)

　　미국의 브룩 까스티요(Brooke Castillo)라는 저명한 여성 라이프 코치는 바로 그런 상황을 두고서 CTFAR란 공식을 만들었다. 그녀는 사람들이 겪는 스트레스를 비롯한 여러 가지 마음과 감정의 문제들을 CTFAR라는 공식으로 이해할 수 있고 또 그 원리를 통해 해결할 수 있다고 했다.

사람들은 흔히 자신이 겪는 특정한 상황 때문에 화가 나고 우울해지는 등 감정의 문제가 생긴다고 생각한다. 하지만 까스티요는 다르게 보았다. 우리는 특정 상황에서 습관적으로 하게 되는 생각이나 평소의 신념 때문에 특정한 감정이 생기게 되며, 그 감정 때문에 그에 상응하는 행동을 하게 되고 그 결과 원치 않는 결과에 빠지게 된다고 보았다. 예를 들어, 평소에 늘 지하철로 30분 거리의 직장에 출퇴근하던 어느 직장인이 지하철 사고를 겪은 후로는 지하철 대신 한 시간 반 정도를 걸으면서 출퇴근을 하더니 한 달 정도 후에는 결국 회사를 그만두고 말았던 일, 동네 공원에서 비둘기 떼가 자신을 향해 날아올라 새 공포증을 경험한 여대생이 이미 계획되었던 유럽 가족여행을 비둘기가 많을 수 있다는 이유로 취소하게 된 일의 경우에서도 CTFAR의 원리로 이해할 수 있다.

까스티요는 CTFAR 원리의 본질이 "생각은 감정을 지배한다. 그래서 생각이 달라지면 감정도 달라진다"라고 하였다. (어떻게 보면 일체유심조의 원리와 일맥상통한다고도 볼 수 있다.) 그렇다면 우리가 신념을 바꾼다면 특정한 상황에서 부정적 감정에 빠지거나 스트레스를 경험하지 않고 원치 않는 결과도 피할 수 있지 않을까? 그리고 이미 겪고 있는 고통에서도 쉽게 벗어날 수 있지 않을까? 지금부터 까스티요가 말한 CTFAR을 좀 더 구체적으로 확인해보자.

　CTFAR의 C는 상황(Circumstance)을 말한다. 앞서 말한 나의 경험을 예로 든다면 산행 중 심한 목마름을 경험하고 지하수를 마신 상황이 여기에 해당한다. T는 생각이나 사고, 신념(Thought)을 의미한다. 내가 마신 그 물은 더러운 지하수였다는 것, 그래서 배탈이 나서 병원에 갈 수 있다고 생각한 것을 의미한다. F는 감정(Feeling)인데, 더러운 지하수를 마신 것 때문에 내가 느꼈던 불안과 긴장감에 해당한다. A는 행동(Action)으로 발걸음이 빨라지면서 빨리 하산을 했으며 공중화장실을 찾고자 했던 행동을 말한다. 마지막으로 R은 결과(Result)이다. 병원에 가야 하고 등산이 유종의 미를 거두지 못할 수 있는 원하지 않는 결과에 해당한다. 하지만 나중에 생각을 바꿈으로써 결국엔 상황이 변화될 수 있었고 내가 원하는 결과를 만들 수 있었다.

　CTFAR를 통해 나의 감정을 객관화하는 방법을 하나만 더 살펴보자. 남편과의 불화로 화가 난 아내가 있다. 평소에 남편은 돈을 아끼고 절약하는 성격의 사람인데, 그날도 일상적인 아내의 소비에 대해서 핀잔을 했다. 남편의 잔소리에 화가 난 아내가 다시 생각해보니 어릴 때부터 가난하게 살았던 남편이기에 돈 쓰는 것에 예민하고 쉽게 버리지 못하는 습관이 평생 쌓여 결과적으로 이 정도로라도 살 수 있게 됐다는 생각이 들었다. 그러자 남편에게 미안한 마음이 들며 남편의 잔소리를 이해할 수 있게 되었다.

이처럼 CTFAR 원리를 잘 이해하면 여러 가지 도움을 얻을 수 있다. 물론 감정의 강도가 크고 깊고 오래된 것이라면 아무리 냉정해진다고 해도 이 같은 분석이 쉽지는 않다. 그러므로 생각을 바꾼다는 것은 말처럼 쉽지 않은 일이다. 그래서 지속적인 연습이 필요하다. 감정은 시간이 흐름에 따라 강도가 약해지기 마련인데, 이럴 때 부정적 감정 때문에 나에게 어떤 일이 생겼고, 다음에 똑같은 상황이 온다면 어떻게 하면 더 좋은 결과를 만들 수 있을지를 생각해볼 필요가 있다. 이때 CTFAR 원리로 생각을 바꾸는 연습을 해보면 좋다.

개인적으로는 하루를 마감하는 일기를 쓸 때 오늘 있었던 여러 가지 부정적 감정을 분석해보는 글쓰기를 해보는 걸 추천하고 싶다. 일기장에 CTFAR를 명기한 다음 각 항목(상황, 신념, 감정, 행동, 결과)에 해당하는 나의 모습을 한 줄씩 메모해보는 것이다. 이 과정 역시도 자기 객관화의 과정이라고 할 수 있다. 그러면서 앞으로 어떻게 변화할 것인지 이대로 좋은 것인지 하루를 정리해본다. 부정의 감정을 떨쳐내는 괜찮은 습관이 될 것이다.

지금까지는 감정이 올라올 때마다 아무 생각 없이 무조건 그 감정에 따라 움직였다면, 이제는 한 번쯤 한숨을 돌리면서 자신을 되돌아보고 분석해보자. 이를 위해 먼저 CTFAR 원리를 잘 이해하고 이를 습관으로 만들어보자.

* 이번 글은 브룩 까스티요 웹사이트(thelifecoachschool.com)를 참조했습니다.

7. 쬠쬠 주먹을 쥐었다 폈다 해보기

대학을 졸업한 지 40년 만에 대학 동기생들을 만났다. 당연히 친구들은 40년 전 모습과 많이 달라져 있었다. 머리는 희끗희끗해졌고 얼굴에는 주름살이 덮였다. 대부분 현직에서 은퇴를 했고 할아버지, 할머니가 된 친구들도 있었다. 그럼에도 여전히 달라지지 않은 것이 있다면 지금 얼굴 속에 숨어 있는 젊을 때 모습과 그때 보았던 천진난만한 미소였다. 남들은 잘 모르겠지만 우리들 눈에만 보이는 젊었던 시절의 모습은 여전히 살아서 지금의 얼굴과 겹쳐져 서로를 향해 웃고 있었다.

나이를 먹더라도 간직하는 것 중 한 가지는 바로 동심이다. 사회적 지위와 상관없이 맛있는 것을 먹으면 맛있다고 좋아하면서 게걸스럽게 먹고, 오랜 친구를 만나면 옛날처럼 큰 소리로 웃고 떠들며 기분 나쁘지 않은 욕을 적당히 섞어가며

농담을 주고받는다. 그러다가 친구가 속상한 일을 얘기할 때면 눈물을 보이기도 한다. 이런 모습을 보게 되면 어린 아이의 동심 같은 때 묻지 않은 천진스러움이 세월이 가도 여전히 우리 속에 있음을 알게 된다. 비록 각박한 현실 생활 속에서 때로는 잊기도 하고 무뎌지기도 했지만 본능에 가까운 동심은 언제든 어떤 계기를 만나게 되면 다시 우리 앞에 나타나곤 한다.

아는 지인 중에 웃음 치료 분야의 최고 전문가가 있다. 그는 오랫동안 웃음 치료를 통해서 많은 사람들에게 즐거움과 함께 치유 효과를 전해주고 있다. 그는 늘 "시도 때도 없이 웃고, 억지로라도 웃자"고 강조한다. 실제로 심각하고 우울한 일을 겪고 있다가도 TV의 예능 프로그램이나 코미디 영화 등을 보다 보면 마음이 풀리는 경우를 자주 경험한다. 그런데 웃음과는 반대로 울음을 통해서 치료 효과를 얻고자 하는 울음 치료라는 것도 있다. 일상을 살다 보면 부정적 감정을 그대로 표출할 수 없는 현실에 답답한 경우가 있다. 그런데 이러한 억압이 오랫동안 누적되면 심신 질환으로 발전하게 된다. 실제로 우리는 힘들어도 힘든 내색을 하지 않거나 어떤 일에 슬픔을 느껴도 강한 척하느라 슬픔을 잠거나 억누르는 경우가 있다. 이때 실컷 울면 억압된 감정을 충분히 표출하게 되면서 일종의 치유 효과를 얻을 수 있다. 이것이 울음 치료가 주장하는 바다. 이처럼 웃음과 울음은 모두 원초적인 인간의 감정을 밖으로 표출하는 방법들이다.

웃음과 울음으로 자신의 감정을 가장 잘 표출하는 사람들이 있다. 바로 어린이들이다. 앞서 동심을 얘기한 것처럼 동심을 지닌 어린이들은 일정한 성장기를 지난 청소년이나 복잡한 사회관계 속의 성인들이 경험하는 스트레스 같은 것이 없다. 본능적인 욕구가 충족되지 않을 때의 불만이나 불안은 있을지 몰라도 일반적인 스트레스를 경험하지는 않는다. 아이는 세상에 대해서 아무것도 모르고 전적으로 부모에게만 의존하는 존재로 반드시 해야 할 의무 같은 것이 없기 때문이다. 그래서 아이들은 쉽게 웃음이나 울음을 통해서 감정을 표출하고 자신의 문제를 해결한다.

아이들처럼 자주 웃고 자주 울어보는 과정을 성인이 따라 한다면 정신 건강에 도움이 되겠지만 그렇다고 마냥 아이처럼 살 수는 없다. 그렇지만 웃고 우는 것 외에 아이들에게 배울 수 있는 치유법이 하나 더 있다. 그것은 바로 아기가 엄마랑 같이 하는 놀이로 도리도리, 으쓱으쓱, 죔죔 같은 것들이다. 아무런 도구도 필요 없고 그냥 몸으로만 하는 이런 몸동작은 운동을 겸한 놀이법으로 아이들의 신체적 발달을 돕는 것은 물론이고 접촉을 통한 기분 좋음을 유도해 현재의 감정을 순화시키고 나아가 스트레스를 없애는 작용을 한다. 이는 어린아이에게만 적용되는 것이 아니라 어른에게도 동일하게 적용된다. 앞서 우리가 살펴본 EFT 기법과도 유사하다.

   쥠쥠 기법은 원래 아기가 하는 손동작이자 손 운동인 만큼 누구라도 짧은 시간에 쉽고 간단하게 사용할 수 있으며 빠르게 효과를 볼 수도 있다. 그래서 활용도가 높은 방법이라 할 수 있다. 쥠쥠 기법은 두 손으로 하는 쥠쥠 동작과 두 손의 동작을 동시에 바라보는 시선의 유지, 그리고 손동작과 함께 해결을 원하는 불편 사항을 언어로 표현하는 것이 핵심이다. 좌우 손을 움직이는 쥠쥠 동작은 좌뇌와 우뇌를 동시에 자극하면서 스트레스로 인해 초래된 뇌의 불균형을 바로잡아주는 신경 생리적 작용을 한다. 그 작용은 역으로 스트레스를 완화시키는 데에 영향을 준다. 또한 불편한 사항을 언어로 표현하는 자기 노출로 인해 억압되어 있던 잠재의식 속 문제의 원인과 고통이 해소되고 완화되는 효과를 발휘한다. 그래서 마음의 불편함, 상처, 트라우마의 기억뿐만 아니라 신체의 불편함이나 고통을 해결하는 데에도 도움이 된다.

   나는 일찍이 기존의 쥠쥠 운동이 갖는 치유적 효과에 주목하였고, 그래서 여기에 몇 가지 심리 치료적인 원리를 더하여 스트레스 해소는 물론 심신의 증상을 완화할 수 있는 좀 더 전문적인 쥠쥠 기법이라는 것을 개발하였다. 이 방법은 앞서의 EFT와 마찬가지로 자가 치료 용도로 혼자서도 스스로에게 적용하여 좋은 효과를 낼 수도 있도록 한 것이기 때문에 대중성도 아주 높다고 생각하여 책도 쓰고 TV 건강 프로그램과 유튜브 등에 이 기법을 소개하기도 했다. 누구나 쉽게 할 수 있는 방법인 만큼 알려주는 대로 한번 따라 해보자.

먼저, 해결하고 싶은 문제를 정해보라. 현재 경험하는 심신의 불편함이나 고통, 불안과 우울 등의 심리적 문제나 스트레스, 고민이 무엇인지 생각해보고 그중 한 가지를 정하라. 이제, 편안하게 정면을 바라보되 시선을 고정하기에 좋은 표적이 있다면 그것을 응시하라. 그리고 팔을 들어 두 손이 눈 높이만큼 오게 한 다음 주먹을 쥐었다 폈다 하는 쥠쥠 동작을 반복하라. 10초에서 20초 정도를 반복하라. 눈은 앞쪽의 표적을 보되 동시에 좌우 두 손의 움직임도 보이도록 하는 자세가 되어야 한다. 이제 자신의 불편함이나 스트레스를 아이가 칭얼댈 때 하는 것처럼 작은 소리로 표현하라. 어려운 말, 긴 말이 아닌 최대한 어린아이처럼 간단하게 말하라.

쥠쥠 기법은 뭔가 심신이 불편하거나 고통을 경험하고 있을 때 사용하는 것이기 때문에 내가 내뱉는 말은 모두 불편이나 고통과 관련한 부정적인 말이 될 수밖에 없다. 즉, 자신이 원하는 바가 아니라 현재의 불편과 고통을 말로 하는 것이다. 그래서 이 점은 특히 긍정적으로 생각하고 말하라고 하는 다른 프로그램이나 기법과는 차이가 있는 것이기에 착오가 없기를 바란다.

쬠쬠 기법의 목적은 고통이나 부정적인 상태를 없애고 그 상태에서 벗어나게 하는 것이 핵심이다. 그래서 가능하면 있는 그대로 구체적으로 말하는 것이 좋다. 쬠쬠 기법을 사용할 때 이왕이면 미리 자신의 고통이나 불편 정도를 최하 1점부터 최고 10점 만점의 수치에서 어느 정도에 해당하는지를 정하고 확인해보면 좋다. 그리고 쬠쬠 동작을 반복하는 동안에 경험할 수 있는 개선 정도에 따른 수치의 변화를 체크해보는 것이 좋다. 즉, 처음에는 스트레스나 불편 정도가 5점이었다면 그 이후 동작을 반복하면서 불편 정도가 완화되면서 수치도 조금씩 떨어지는지 확인해볼 필요가 있다.

이렇게 수치를 정하고 확인해보는 이유는 자신의 내적인 주관적 경험을 객관화하기 위한 것이다. 문자 그대로 자기 객관화이다. 그리고 두 번째 이유는 수치의 전후 비교를 통해 쬠쬠 기법의 효과를 확인하기 위한 것이다. 수치의 변화와 차이는 곧 문제나 고통의 완화 또는 해소를 의미하는 것이기 때문이다. 이렇게 했음에도 불구하고 만족스럽지 않다면 같은 동작을 계속 반복하면 된다. 다만 동일한 것을 반복하되 그때

마다 달라질 수 있는 심신의 변화를 반영하여 언어 표현을 달리하는 것도 필요하다. 이때, 자세는 바른지 불편함이나 문제를 정확하게 인지하고 표현했는지 등을 살펴보면 좋다.

8. 케이티의 네 가지 질문해보기

상담이 많아서 평소보다 늦은 퇴근을 하는 날이었다. 때마침 저녁 약속도 잡혀 있던 터라, 부리나케 약속 시간만 생각하며 운전대를 잡았다. 한참을 그렇게 달렸던 것 같다. 문득 옆 차로부터 이상한 낌새가 느껴졌다. 옆 차선에서 달리던 차의 운전자가 나를 보고 계속 무슨 말을 하는 것 같았다. 나는 그냥 나와 상관없는 일이겠거니 생각하고 괜히 귀찮은 일에 휘말리고 싶지 않기도 해서 계속해서 차를 몰았다. 내가 반응하지 않고 계속 운전을 하자 이번에는 옆 차가 차선을 변경해 내 앞으로 오더니 서서히 속도를 줄이면서 창밖으로 손을 흔들었다. 나는 그때까지만 해도 저 사람이 왜 저러나 싶으면서 이상하다는 생각도 들고 심지어 짜증도 좀 났다. 그런데 상대가 길까지 막는 걸 보니 좀 불안해지기 시작했다. 가만 생각해보니 10여 분 전 유난히 정체가 심했을 때 차선을 급히 변경했던 일이 생각났다. 그때 뒤에서 크게 "빠앙!" 하는 경적 소리가 났던 일이 떠올랐다. 생각이 여기에 이르자 어쩌면 아까 일 때문에 저 사람이 화가 나서 나에게 보복 운전을 하려고 하는 것인가 하는 생각이 들었다. 그러자 점점 불안하고 겁이 나기 시작했다. 조금 전 옆 차선을 달릴 때 얼핏 보니 덩치도 꽤 크고 얼굴도 험악하게 생겼던 게 떠올랐다. 그러고 보니 그는 아주 심하게 난폭운전을 했던 것 같기도 했다.

　나는 가슴이 두근거리면서 머리가 복잡해지기 시작했다. 일단, 어떤 이유에서든 내가 먼저 원인을 제공한 것 같으니 사과는 해야겠다는 생각이 들었다. 하지만 왠지 저 사람은 이 상황을 그냥 넘어가지 않고 폭력이라도 행사할 것만 같았다. 차에서 내려야 하나 말아야 하나 순간 당황이 되면서 요즘 운전 시비가 붙어서 크게 사고로 이어지는 경우도 많다는데, 최대한 침착하게 방어해야겠다는 생각이 머릿속을 스쳐 갔다. 하지만 그 순간 다시 또 냉정하게 생각을 더듬어보았다. '내가 지금 왜 불안한 거지? 내가 왜 겁을 먹고 있는 거지? 저 사람이 날 위협할 정도로 내가 피해를 줬나? 설령 내가 실수를 했다 하더라도 운전을 하다 보면 흔히 있을 수 있는 일 아닌가? 내가 지금 너무 겁을 먹고 있거나 지레짐작하고 있는 건 아닐까?' 아주 짧은 시간 동안이지만 이런저런 생각들이 머릿속을 맴돌았다. 어쨌든 상대는 화가 많이 났고 나를 위협하기 위해 난폭한 운전을 하고 있다는 생각이 또 떠올랐다. '좋아.

그렇다면 그게 사실이다 치자, 그렇다면 내 생각이 절대적인 사실이라고 말할 수 있을까? 상대가 거칠게(?) 나오니까 내가 괜스레 겁을 집어먹고 실수를 한 것 같다고 느끼는 것 아닐까? 실제로 내가 실수를 한 건지 아닌지도 명확하지 않은 것 아닌가. 내가 차선 변경을 급히 했을 때 만약 경적 소리를 듣지 않았다면 내가 실수했다는 생각을 하지 않았을지도 모른다. 그리고 경적 소리가 나를 향한 것인지도 확실치 않다. 그렇다면, 내가 추측만으로 마음이 위축되면서 위협감을 느끼고 있는 건 아닐까?'

비록 짧은 순간이지만 이런저런 생각이 꼬리를 물고 이어지더니 결국에는 마음이 차분해지고 정리되는 느낌이 들었다. 그리고 저 사람이 왜 저러는지 진심으로 궁금해지기 시작해졌다. 내가 운전을 잘못하고 있는 건가? 혹은 내 차에 문제가 있는 건가? 아니면 혹시 나를 아는 사람인가? 나에게 뭔가 도움을 요청하는 것인가? 어쨌든 이유라도 알아야 될 것 같아서 그가 가리키는 대로 차선을 다시 옮기며 창문을 열고 대화를 시도했다.

"무슨 일인가요?" 그는 내 차 뒤쪽을 향하여 손짓을 하면서 "타이어, 타이어!"라고 외쳤다. 순간 나는 정신이 번쩍 들었다. 그리고 왠지 아까부터 무엇인가 타는 냄새가 났다는 사실이 떠올랐다. 그러면서 내 차 뒷바퀴에 심각한 문제가 생긴 것 같다는 직감이 화살처럼 빠르게 스쳐 지나갔다. 그와 동시에 처음 주차장에서 출발할 때부터 차의 움직임이 좀 이상했다는 생각이 떠올랐다.

차선을 바꿔가면서까지 급하게 말하려고 한 게 타이어 때문이었구나 하는 생각이 들자 미안한 마음과 동시에 정말 큰 고마움이 느껴졌다. 나는 그에게 감사의 인사를 하려고 했지만 그는 이미 자리를 뜨고 난 뒤였다. 결국 그날의 사건은 견인차를 부르는 것으로 마무리되었다. 큰 사고로 이어지지 않아 정말 다행이었다.

우리는 누구라도 평소에 하지 않아도 될 불필요한 불안, 두려움, 공포 등을 종종 경험한다. 그 결과 굳이 쓰지 않아도 될 심신의 에너지를 낭비한다. 앞의 경우도 만약 그가 나를 위협한다고 생각하고 내가 적대적으로 대응했거나 두려움과 불안 때문에 무조건 그를 피하려고만 했다면 결과적으로 타이어 때문에 사고가 생겼을지도 모를 일이었다. 물론 모든 불안이나 스트레스가 무조건 나쁘다고 할 수는 없다. 오히려 어떤 상태를 객관적으로 바라보고 이성적인 판단을 하는 데에는 조심스럽게 행동하는 것이 더 나을 수도 있다. 중요한 일을 앞둔 사람은 실수나 실패에 대한 염려나 불안 때문에 혹시 생길지 모르는 실수를 예방하기 위해 사전 점검을 하고 준비하는 일에 전념을 다한다. 초보 운전자들 역시 운전에 대한 두려움이 있기 때문에 더더욱 안전 운전을 하려고 한다. 이 모두가 스트레스 때문에 자기를 돌아보기도 하고 반성도 하는 등 부족한 점을 보완하려는 노력이라고 할 수 있다.

그렇지만 현실적으로 필요 이상으로 긴장하거나 불안해하고 공포감을 경험하여 일을 망치는 경우도 많다. 실제로는 별일이 아니고 또 평소 실력대로 하면 충분히 성사될 수 있는 일도 지나친 두려움 때문에 너무 조심하다 보면 오히려 문제를 만들 때도 있다. 그러므로 부정적 감정을 경험할 때는 그 감정에 끌려가는 대신에 문제 상황을 이성적으로 분석하고 객관적으로 파악함으로써 그 상황과 상태를 어떻게 받아들이고 대처하느냐가 더 중요하다. 행복과 불행은 절대적인 것이 아니고 주관적이고 상대적인 것이다. 상황을 객관적으로 파악하고 그것을 인식하고 해석하는 방향에 따라 기분과 감정이 달라질 수 있고 자신감이 생길 수도 반대로 좌절감이 들 수도 있다.

우산 장수 아들과 짚신 장수 아들을 둔 어머니에 대한 이야기가 바로 그런 점을 너무나도 잘 보여주는 사례다. 그 어머니처럼 우리는 어떤 문제 앞에서든 이성적인 생각과 객관적인 해석을 하되 이왕이면 상황을 긍정적으로 이해하고 해석함으로써 문제를 문제로 보는 대신 성장과 발전을 위한 기회로 보는 것이 좋다. 심리학에서는 이와 같은 방식을 문제나 스트레스에 대한 인지적 접근이라고 한다. 그리고 그런 인지적인 프레임과 논리로 상담을 하고 심리 치료를 하는 것을 '인지 치료(Cognitive Therapies)'라고 부른다. 실제로 이 방법으로 불안증, 우울증, 강박증과 같은 심리적 문제들이 치료되거나 개선된 사례는 무척이나 많다.

인지치료 접근법의 하나로 '네 가지 질문(Four Questions)'이라는 것이 있다. 이것은 미국의 라이프코치인 바이런 케이티(Byron Katie)가 개발한 '작업(The Work)'이라는 프로그램에서 다루는 핵심적인 기법이다. 케이티는 현재 서구권에서 가장 주목받고 있는 라이프 코치 중 한 명이다. 시사 주간지 〈타임〉은 그녀를 새 시대의 영적 지도자로 소개하기도 했다. 바이런 케이티는 원래 평범한 가정주부였다. 하지만 이혼을 계기로 우

울증을 심하게 앓았고, 삶을 포기할 정도까지 상태가 악화되었다가 1986년 어느 날 아침, 삶이 완전히 바뀌는 기적 같은 체험을 하고서는 우울증을 극복했다. 그 후 그녀는 자신의 경험을 근거로 프로그램을 개발했는데 그것이 바로 '작업'이었다. 그녀는 '작업'을 통해 절망과 고통에서 벗어나 소중한 행복을 찾을 수 있게 되었다고 말한다. 다음에 소개할 네 가지 질문은 바로 '작업'의 가장 기본적이면서도 핵심적인 기법이다.

앞서 나는 자동차 타이어 펑크 때문에 있었던 일화를 소개하였다. 1)늦게 퇴근하면서 약속에 늦지 않으려는 마음에 타이어 문제를 인식하지 못한 채 열심히 달렸다는 것이 문제였다. 2)이 문제를 객관적으로 보았던 상대가 나에게 위험 상황을 알려주고자 했던 노력을 오해한 것도 문제였다. 3)한 운전자의 적극적인 선의의 노력을 오히려 불안과 위협감으로 느꼈던 것도 문제였다. 4)하지만 나는 계속해서 주관적인 생각과 감정에 끌려가는 대신 재빨리 그 상황을 객관적으로 바라보고 분석하려고 했다. 그 결과 겁을 내거나 두려워할 필요가 없음을 깨닫게 되었고 더 늦기 전에 진짜 문제를 파악할 수 있었다. 위협적인 상황의 진위 여부를 객관적으로 바라보았고, 이성적인 생각으로 차분하게 상황을 대처할 수 있었니. 이상이 내가 했던 생각의 흐름인데, 이 흐름은 케이티의 네 가지 질문 기법과 동일하다. 사실 네 가지 질문은 하나의 문제에 봉착했을 때 그 문제를 객관적으로 바라보는 하나의 원리이자 방법이기도 하다. 그리고 전형적인 자기 객관화의 한 방법이기도 하다.

케이티의 첫 번째 질문은 "당신의 생각은 사실인가?(Is it true?)"이다. 이 질문은 내가 무엇 때문에 불안해 하고 스트레스를 받는지, 그 생각이 사실이며 진실한 것인지 논리적으로 묻는 질문이다. 그러므로 질문에 대해 논리적인 답을 할 수 있어야 한다. 앞의 예에서 나는 상대편 운전자를 오해했기 때문에 불안했고 두려웠고 나아가 위협감까지도 느꼈다. 하지만 내 생각에는 객관적인 분석과 이해가 부족했다.

두 번째 질문은 "당신은 그 생각이 사실이라고 절대적으로 알 수 있는가?(Can you absolutely know that it's true?)"이다. 설사 첫 번째 질문에서 자신의 생각을 일부 사실로 받아들일 수밖에 없는 상황이라 할지라도 그것을 절대적인 사실로 단정 짓기는 어렵다. 누구나 자신의 주관적 생각이 절대적으로 옳은 것이냐 하고 질문을 받게 되면 스스로 의심하고 다르게 생각해 보게 된다. 그러므로 이 질문은 자기 객관화를 확보하기 위한 좋은 질문이다. 앞의 예로 다시 돌아가면 이번에도 나는 "아니오"라고 답을 할 수밖에 없다.

세 번째 질문은 "그 생각을 믿었을 때, 당신은 어떻게 반응하는가?(How do you react, what happens, when you believe that thought?)"

2부 감정에서 나를 분리하는 법

이다. 나는 이미 첫 번째, 두 번째 질문 모두에 대해서 "아니오"라고 답했다. 하지만 여전히 자신의 생각이 절대적으로 사실이라고 대답하는 사람이 있다면? 그 사람의 경우 이 세 번째 질문을 받게 되었을 때 어떻게 답할까? 세 번째 질문에 대한 답은 스스로를 힘들게 하는 스트레스의 원인을 파악하는 것이라고 할 수 있다. 이 질문에 답하려면 스스로 자신이 믿고 있던 사실은 무엇이며 그로 인해 어떤 스트레스가 생기는지를 분석할 수밖에 없다. 이 과정에서 자연스럽게 자기 객관화가 일어난다. 결국 우리는 스트레스의 원인이 되었던 생각이 무엇인지를 파악하게 되고, 그 생각을 바꿔야 스트레스에서 벗어날 수 있다는 것을 알게 된다.

마지막 네 번째 질문은 "그 생각이 없다면, 당신은 누구인가?(Who would you be without that thought?)"이다. 이 질문은 결과적으로 원래의 생각이 바뀌고 더 이상 문제를 유발할 생각이 없어진다면 나는 어떤 사람이 될 것인지, 또는 나는 어떤 상태로 바뀔 것인지를 묻는 질문이다. 대부분의 사람들은 이 질문에 답할 때 이미 자기 객관화가 되어 스스로 마음이 달라졌음을 느끼게 된다. 그리고 더 이상 자기 자신을 어떤 문제 상황과 연결시켜 생각하시 않게 된다.

이상의 네 가지 질문을 순차적으로 할 수 있다면 객관적 사실에 기인하지 않은 두려움이나 공포를 잘 극복해낼 수 있다. 다만 이런 식의 생각 기제, 즉 질문과 답을 통해 객관성을 확보해 나가는 과정이 쉬운 것만은 아니다. 그래서 평소에도 네 가지 질문을 자주 연습해서 위기 상황에서 바로 적용할 수 있도록 습관화할 필요가 있다. 그리고 어떤 물건을 구매하거나 특정한 의사 결정을 해야 할 때도 이 네 가지 질문은 충분히 좋은 연습 조건이 된다. 그리고 충동적이거나 비합리적인 행동을 하는 우리를 이성적으로 제어할 수 있는 질문이 되기도 하다. "꼭 필요하다는 생각은 사실인가?", "꼭 필요하다는 생각이 사실이라고 절대적이라고 말할 수 있는가?", "그 생각을 사실이라고 믿는 순간 당신은 어떻게 반응하나? 다분히 충동적인가 그렇지 않은가?", "만약 충동적이었다면 그 생각을 한 당신은 누구였던가?" 이처럼 케이티가 알려준 네 가지 질문은 감정적 위기에서의 돌파는 물론이고, 일상생활에서 만나는 수 많은 문제들에 대해서도 상황을 개관적으로 이해할 수 있는 좋은 도구가 된다.

* 이번 글은 『네 가지 질문』(바이런 케이티/스티븐 미첼 지음, 김윤 옮김, 침묵의 향기, 2013년), 바이런 케이티 웹사이트(thework.com)를 참조했습니다.

9. 내 마음을 미술관에 걸기

　나는 외국 여행을 할 때면 박물관과 미술관 관람하는 것을 좋아한다. 박물관에 가면 그 나라나 지역의 역사와 문화를 한눈에 볼 수 있어서 좋다. 언젠가 갔던 해외의 한 대형 박물관을 잊을 수 없다. 그곳은 인류의 시작과 진화 과정을 보여주는 박물관이었다. 사실적인 모형들이 전시된 공간에서 신기함, 경이로움 같은 걸 느끼면서도 새삼 인간의 본 모습에 대해서도 생각해볼 수 있었다. 전시된 유물, 모형, 시대 상황을 묘사한 자연풍경 등이 잘 전시되어 있어서 마치 내가 오래된 옛날 생활상과 자연을 접하며 그 시대 사람들과 함께 살아가고 있는 듯한 기분이 들기도 했다.

　미술관 관람은 나보다도 특히 아내가 더 좋아한다. 나는 미술에 대해 잘 모르지만 아내는 미술에 대한 관심도 많고 관련 지식도 꽤 많은 편이다. 그래서 함께 미술관을 방문할 때면 나는 주로 아내의 설명을 들으며 구경하는 편이다. 그런데 미술을 잘 모르는 내 눈에도 어떤 그림이나 미술 작품 앞에 서면 묘한 아우라와 함께 평소 느끼지 못하는 어떤 감정 같은 것이 느껴질 때가 있다. 그림의 독특한 구도나 색감, 이미지 등에서 뭔가 메시지를 전하고자 하는 작가의 마음이 느껴질 때다.

외부와 차단된 어떤 환경 안에 오래 머물게 되면 우리의 무의식은 착각을 불러일으킨다. 착각은 무의식적 상상에서 비롯된다. 상상을 하게 되면 겉으로 봤을 때는 아무런 관련이 없는 것들도 쉽게 연결이 된다. 예를 한번 들어보자. 우리가 어릴 적 즐겨 부르던 노래가 있었다. "원숭이 엉덩이는 빠알 게~ 빨가면 사과, 사과는 맛있어, 맛있으면 바나나, 바나나는 길어, 길으면 기차, 기차는 빨라, 빠르면 비행기, 비행기는 높 아……." 이 가사에 나오는 '원숭이 엉덩이'와 '사과'는 아무런 연관성이 없는 개체다. 미찬가지로 사과와 바나나, 바나나와 기차 등도 아무런 연관성이 없다. 굳이 말하자면 색깔과 길쭉 한 모양새 정도의 연관성이 있겠지만 이를 매우 유사하다고 하거나 밀접한 관련이 있다고 판단하지는 않는다. 하지만 우 리의 무의식은 이 사물들을 연결시켰고 결과적으로 이를 노 래로 만들어 부르게 했다. 심리학에서는 이를 '연상(association, 맥락에 따라 '연합'이라고도 함)'이라고 한다. 이 노래 가사를 보면 연상이 아주 자연스럽게 이루어져 있음을 알 수 있다. 그래서 노래를 즐겁게 부르다보면 자연스레 노래 가사가 암기된다.

　박물관이나 미술관을 관람할 때도 우리의 무의식은 열심히 연상 작용을 한다. 그래서 자기와 아무런 관련이 없는 것을 보더라도 나와 연관 지어 연상을 펼친다. 일반적으로 사람들은 뭉크의 〈절규〉나 밀레의 〈만종〉, 〈이삭 줍는 여인〉과 같은 그림을 볼 때면 어떤 연상을 하게 될까? 일제 강점기의 생활 환경이나 6.25 전쟁 당시의 참상을 보여주는 사진이나 영화를 볼 때는 또 어떤 연상을 하게 될까? 사실 그런 내용들은 현재 내가 살아가고 있는 생활 환경이나 시대와는 아무런 관련이 없다. 그렇지만 우리는 그런 그림이나 영화를 볼 때 감정 이입을 하고 그것과 유사한 자신의 과거를 떠올리게 된다. 힘들었던 과거의 경험이나 고생했던 시절의 상처와 아픔이 생각난다. 그리고 그때의 감정도 함께 따라온다. 이것이 무의식의 연상 작용이다.

　우리는 과거에 보고, 듣고, 만졌던 오감 차원에서의 경험을 현재에도 그대로 떠올리는 경우가 많다. 치한을 만나 크게 놀랐던 길을 걸어가게 되면 괜히 주변을 살피면서 긴장을 하게 되듯, 특정 환경에 접할 때 과거의 경험들이 현재 감정을 그대로 지배하는 경우가 생긴다. 그래서 우리는 기분을 바꾸기 위해 환경의 변화를 꾀한다. 예를 들어, 우울할 때 청소나

설거지를 하거나 맛있는 음식을 먹고 음악을 듣는 것 등은 현재의 환경을 바꾼다. 오래된 건물의 외벽을 새롭게 도색하고, 실내 인테리어를 바꾸고, 가구 배치나 커튼을 새로 한다. 이렇게만 해도 기분과 마음이 달라진다. 동일한 상품을 포장을 달리해 가격을 다르게 책정하고 판매하는 것도 이런 점을 이용한 마케팅 기법이다. 같은 노래도 다른 가수가 부르거나 다른 악기로 연주하면 느낌이 달라진다. 같은 클래식 곡이라도 어떤 지휘자가 어느 오케스트라와 협연하느냐에 따라서도 음악의 느낌은 달라진다.

"보기 좋은 떡이 먹기도 좋다", "이왕이면 다홍치마" 같은 옛 속담은 시각적 이미지를 강조한 것이고, "개 풀 뜯어 먹는 소리", "종소리에 침 흘리는 개" 같은 경우는 청각적 이미지에 무의식이 반응하는 예다. 이런 예들은 경험적 사실이나 팩트보다는 관련되어 연상되는 부수적인 이미지가 심리적으로 더 큰 영향을 주는 것이라 할 수 있다.

미국의 범죄학자가 소개한 '깨진 유리창 이론' 역시 환경이나 이미지의 중요성을 알려주는 사례다. 환경의 결함이 사람들로 하여금 법과 질서가 없다고 여겨 더 큰 범죄로 이어진다는 이론이다. 실제로 누군가가 담배꽁초를 버리면 다른 사람들도 함께 버리게 되고, 낙서가 많은 곳에서는 심리적 제약 없이 누구나 쉽게 낙서를 하게 되는 것을 말한다. 그런데 만약 환경이 잘 관리되었다면 누구도 쉽게 나쁜 짓을 하지 못할 것이다. 이 모두 환경과 이미지가 사람의 마음에 작용해서 생기는 영향력을 나타낸다. 이외에도 영화나 연극에서 배우가 특정한 역할을 맡고 연기를 하다 보면 일상에서도 그 역할의 성격이 무의식적으로 연결되어 드러나기도 하는데, 이 현상도 이미지의 무의식화가 진행된 결과라 할 수 있다.

　이미지를 포함한 환경이 지금의 심리 상태에 영향을 미친다는 또 다른 예를 찾아보자. 1979년에 이루어진 유명한 심리 연구인데, 이 실험은 어떤 한 공간을 20년 전 모습으로 꾸며 놓고, 그곳에 75세 이상의 남성들을 거주하게 하면서 그들의 심리적, 육체적 상태를 진단하는 실험이었다. 20년 전 모습을 정확하게 재현하기 위해 20년 전 모습이 그대로 남아 있는 공간을 찾아 집도 당시 모습 그대로 꾸몄으며, 신문과 잡지들도 1959년으로 표기하고, 라디오를 통해서는 그 당시에 유행하던 음악이 흘러나오도록 하여 실험을 했다. 그리고 실험 참여자들에게도 지금이 1959년인 것처럼 말하고 행동하도록 했다. 이렇게 2주를 보낸 후 실험 참가자들에게 나타나는 심리 및 신체적인 변화를 확인했다. 결과는 무척이나 놀라웠다. 그들의 신체적, 심리적 상태가 적어도 몇 년은 더 젊은 사람의 모습으로 돌아간 것이었다. 20년 전으로 돌아간 환경이 몸과 마음에 변화를 촉진시켰다고 볼 수 있는 실험이었다. (Langer,

Ellen (1989). Mindfulness. Boston, MA: Da Capo Press)

　그렇다면 물리적인 환경을 바꾸진 못한다고 하더라도 마음의 이미지 또는 내면의 이미지 변화를 통해 같은 효과를 만들어낼 수 있는 방법은 없을까? 만약 싫은 사람이 있을 때, 그 사람의 이미지를 평소 좋아하는 연예인과 같은 이미지로 바꾸어서 생각해볼 수 있다면 어떨까? 물론 처음에는 어색하고 말도 안 된다는 생각이 들 것이다. 하지만 진지하게 그렇게 해볼 수만 있다면 마음도 감정도 충분히 달라질 수가 있다. 이미 이 대목을 읽으면서 싫은 사람을 대하는 느낌이 달라졌다고 생각하는 독자들도 있을 것이다. 과거의 안 좋았던 일을 생각할 때 마음에 먹구름이 드리우는 느낌이 든다면 그 이미지를 동해 바다에서 떠오르는 밝은 아침 햇살로 바꿔보면 어떨까? 개를 보면 무서워서 공원으로 산책을 나가지 못한다면, 개의 눈과 얼굴 이미지를 사랑하는 아기의 눈동자와 웃는 얼굴로 대체한다면 어떻게 될까? 마음이 달라지지 않을까? 이것은 마치 사진이나 동영상을 편집하는 것과도 같다. 한마디로 마음의 포토샵을 하는 것이라 할 수 있다. 당연히 이는 실제 사진을 바꾸는 것이 아니라 내면의 이미지를 바꾸는 것이다. 즉, 시각적으로 내면의 부정적 이미지를 긍정적 이미지로 바꿈으로써 마음의 변화가 이루어질 수 있다는 것을 뜻한다. 다음의 가이드를 쫓아서 실습을 한번 해보자.

　　잠시 눈을 감고 좋아하거나 사랑하는 사람 또는 행복했던 과거의 기억들 중에서 한 가지를 생각하고 그것을 상상 속에서 사진으로 만들어보라. 가족도, 동물도 좋고 생일 파티와 같은 행복한 추억이나 실제의 앨범 사진도 좋다. 최종적으로 사진 한 장(사진 A)을 택해보라. 사진의 모습과 내용을 구체적으로 떠올리면서 결정적으로 큰 행복감을 준다고 생각되는 '핵심 포인트'를 중심으로 상상해보라. 그리고 그것을 미술관 벽에 걸어놓고 바라본다고 생각해보자. 어떤 기분인지 느끼고 상상해보라. 이번에는 반대로 없애고 싶은 스트레스 감정이나 기분, 안 좋았던 기억 등을 생각하여 그것을 상징적인 사진(사진 B)으로 만들고 미술관의 사진 A 옆의 빈 공간에 전시해보라. 그런 다음 10미터 정도 떨어진 거리에서 두 개의 사진을 동시에 바라보는 상상을 해보고 어떤 기분이 드는지 느껴보라. 그리고 사진 A를 바라보면서 그것을 줌인해보라. 사진이 점점 확대될수록 더욱 상세하고 구체적으로 보이면서 긍정적인 감정이 살아남을 느껴보라. 잠시 후에 사진 B를 바라보다가 그것을 줌아웃해보라. 그것이 점차로 멀어지고 작아지다가 마지막에는 콩알처럼 작아지면서 사라져버린다고 상상해보라. 그와 동시에 그 옆의 사진 A가 갑자기 확대

되어 원래의 사진 B 자리 전체를 덮어버리는 모습을 상상해보라. 이제 확대된 사진 A에서 핵심 포인트를 집중적으로 바라보면서 행복감을 느껴보라. 편안하게 심호흡을 하면서 증폭된 행복감을 온몸으로 흡입해보라.

스트레스와 관련된 감정이나 기억이 어떻게 되었나? 이상과 같은 과정을 반복해서 연습한다면 나를 지배하던 감정을 미술관의 작품처럼 분리해내어 걸 수 있고, 내 마음속에서 확대하고 줄이는 통제가 가능해진다.

10. 왜곡 거울로 나를 비춰보기

30대 시절의 일이다. 부산에서 교수로 근무하던 때였다. 어느 날 수업을 듣던 제자가 건네준 한 장의 사진을 보고서는 깜짝 놀랐다. 다른 제자들과 함께 찍은 사진이었는데, 사진 속의 내 모습이 너무나도 이상해 보였다. 특히 턱을 중심으로 얼굴이 심한 비대칭인 것 같았다. 사진을 잘 못 찍었다고 제자들에게 불평을 해야 할 정도였다. 그 사건 이후 나는 거울을 들여다볼 때마다 내 얼굴을 관찰하기 시작했다. 그럴수록 내 얼굴이 진짜 비대칭이라는 사실이 명확해지는 듯했다. 결코 사진이 잘못된 것이 아니었다.

20대 시절 미국으로 유학을 떠나기 전, 나는 치과에서 아래턱 쪽의 어금니를 발치하는 치료를 받은 적이 있다. 당시 유학을 얼마 앞두지 않던 상황이라 제대로 치료를 마치지 못한 채 출국을 해야 했다. 유학 생활을 하는 동안에는 학교생활에 적응해야 했고, 공부하면서 아르바이트도 해야 하는 상황이었기에 치아를 마저 치료할 겨를이 없었다. 당장 치아가 없는 것도 아니고 불편함이나 통증도 없어서 그냥 그렇게 내 버려 둔 채 유학 생활을 했다. 그렇게 유학을 끝내고 박사학 위를 받고서 한국으로 돌아왔다. 그리고 부산의 대학에서 첫 직장 생활을 시작했다. 모든 것이 새로운 상황에서 나는 유학 시절 때와 마찬가지로 새롭게 적응해야 할 것들로 정신 없는 나날을 보냈다. 그렇게 시간이 지나고 어느 정도 안정이 되려 던 차에 앞서의 사진 사건을 겪게 된 것이었다.

나는 처음으로 내 얼굴에 대해서 객관적으로 생각해볼 수 있었기 때문에 비대칭인 얼굴에 큰 충격을 받지 않을 수 없 었다. 원인은 아무리 생각해도 발치 치료를 제대로 받지 않은 것이 문제인 것 같았다. 어금니를 뽑고 그 자리에 인공치아를 심는 치료를 했어야 했는데, 그렇게 하지 않자 빈 공간이 생 기면서 턱 모양이 삐뚤어져버린 것 같았다. 그리고 음식을 씹 을 때도 어금니가 있는 쪽으로만 음식을 씹게 되면서 점점 더 좌우 턱의 균형이 무너진 것도 한 원인이었다. 가랑비에 옷이 젖듯 비대칭 얼굴도 그렇게 조금씩 만들어진 것 같았다. 만약 제자가 찍어준 그날의 사진이 아니었다면 나는 더 오랫동안 비대칭이 된 내 얼굴에 대해 모른 채 살았을지도 모른다. 그 렇다면 왜 나는 매일 거울을 들여다보면서도 내 얼굴이 짝짝 이가 되고 있다는 사실을 인지하지 못했을까?

일반적으로 사람들은 사진이나 거울은 있는 그대로를 보여주기 때문에 사실에 해당한다고 믿는다. 하지만 이 말은 틀릴 때가 있다. 거울은 사물을 반사시키는 면을 어떻게 가공하느냐에 따라 사물을 왜곡할 수가 있는데 볼록 거울, 오목 거울이 그런 것 중 하나라 할 수 있다. 그리고 사진도 반드시 진실을 보여준다고 할 수는 없다. 사진은 사진을 찍는 솜씨나 기술, 촬영 각도와 원근, 조명 등에 따라서 피사체가 다르게 보이기도 한다. '셀카 달인'이라는 신조어도 그냥 나온 말이 아닌 이유가 이 때문이다. 사람들은 자신을 돋보이게 하는 프로필 사진을 찍으려 할 때 좀 더 좋은 이미지를 연출하기 위해 좋은 시설과 장비를 갖춘 사진관을 찾아다닌다. 뿐만 아니라 포토샵이라는 사진 편집 프로그램도 있어서 인물이 좀 더 돋보일 수 있도록 편집을 하기도 한다. 이런 점들을 생각해볼 때 사진은 현실을 가장 근사치로는 보여주는 것이긴 하지만 완벽하다고는 할 수가 없다.

원래 사진은 2차원 평면으로 표현되는 것이지만 3차원의 입체로 표현되는 입체 사진도 있고, 홀로그램이라고 해서 상하, 전후 모든 방향에서 360도 입체로 표현되는 사진도 있다. 요즘은 여기에 가상현실(VR)까지 등장했다. 이 기술들은 어떤 대상이나 상황을 실제처럼 보여주려고 애를 쓰지만 완벽하게 있는 그대로를 보여주는 것은 아니라고 할 수 있다. 우리는 현실의 왜곡을 여기서 만나게 된다. 왜곡이란 마치 사실 같고 현실 같지만 실제로는 사실과 현실을 잘못 해석하거나 다르게 표현하는 것이다. 그렇게 본다면 앞에서 설명했던 사진이나 홀로그램도 어느 정도는 현실을 왜곡한 것이라고 볼 수 있다.

거울이나 사진이 현실을 왜곡하는 것처럼 우리 역시도 스스로 인식하지 못하는 사이에 현실을 왜곡하는 경향이 있다. 마치 내가 한동안 내 비대칭 얼굴 상태를 모르고 있었던 것처럼 말이다. 이제 화제를 바꾸어 불안이나 부정적인 감정 차원에서 왜곡의 문제를 생각해보자. 우리는 불안이나 부정적 감정을 경험할 때 무의식 차원에서 사실을 왜곡한다. 그것은 회피를 하는 모습으로 나타날 수도 있고, 반대로 확대 해석하는 모습일 수도 있다. 즉, 현실을 왜곡하는 결과로 스트레스를 받지만 오히려 왜곡을 역이용하게 되면 스트레스에서 벗어나는 데에 도움을 얻을 수도 있다. 한 예를 들어 어떤 학생이 시험을 앞두고 불안하다고 말하는 상황을 가정해보자. 이 경우 그 학생은 "시험 때문에 불안하다"고 답할 것이다. 사실 누구나 이해할 수 있듯 이 학생뿐만 아니라 대부분의 수험생들은 시험 불안을 경험하면서 불안의 이유를 시험 때문이라고 생각한다. 하지만 곰곰이 생각해보면 모든 학생들이 그런 것은 아니고, 담담하게 시험에 임하는 학생들도 있다. 그렇다면 이렇게 차이가 나는 이유는 무엇 때문일까? 그것은 시험에 대한 마음이나 생각 차이에서 비롯된다. 즉, 불안의 이유는 시험 때문이 아니라 시험에 대한 인식, 생각, 마음 때문에 일어난다고 볼 수 있다. '시험 성적이 나쁘면 큰일이 난다', '반드시 좋은 성적을 받아야 한다', '이번 성적에 나의 모든 것이 달렸다'라는 생각이 불안을 만든다. 반대로 시험을 앞두고도 불안을 느끼지 않는 학생은 시험 자체를 다르게 인식하거나 시험에 임하는 생각 자체가 다르다. '이왕이면 시험을 잘 보면 좋겠지만 못 보면 내가 노력을 덜 한 것이라고 생각하고 다음엔 더 노력을 하자', '내가 노력한 만큼 성적을 얻도록 최선을 다하되 결과에 연연해하거나 집착할 필요는 없다', '걱정한다고 시험을 잘 치는 것도 아니니 편안한 마음으로 시험에 임하자' 우리가 흔히 하는 말로 멘탈이 강한 학생들이 이런 식의 생각을 한다. 이쯤에서 주목해야 할 포인트는 불안의 이유를 시험 자체가 아니라 시험에 대한 생각이라고 구분해서 볼 줄 알아야 한다는 점이다. 이는 비단 시험뿐만이 아니라 우리가 경험하는 부정적 감정이나 상당수의 스트레스에도 적용되는 얘기다. 즉, 우리가 경험하는 불안 혹은 그 외 다른 부정적 감정들은 대부분 현실 왜곡 때문에 발생하는 것이고, 왜곡을 우리 스스로는 쉽게 알아채지 못한다는 것이다.

우리는 자신도 모른 채 여러 가지를 왜곡하면서 살고 있다. 내가 매일 거울을 보면서도 내 얼굴의 비대칭을 모르고 살았던 것처럼 말이다. 유심히 관찰하고 나서야 진짜 내 모습을 찾아낸 것처럼 현실을 객관적으로 바라볼 때 왜곡 현상도 찾아낼 수 있다. 이는 결과적으로 보다 이성적이고 합리적으로 현실 인식을 하게 됨을 뜻한다. 이 같은 자기 객관화는 왜곡을 유리하게 이용할 때에도 반대로 왜곡을 걷어낼 때도 중요하게 작용한다.

놀이공원 같은 곳에 가면 왜곡 거울을 볼 수 있다. 그것은 일반 거울과 달리 비추는 대상물을 휘어지게(왜곡)함으로써 실상을 다르게 보여주는 거울이다. 현실을 비틀어 보여주기 때문에 보기만 해도 웃음이 터져 나온다. 그래서 남녀노소 누구라도 왜곡 거울을 좋아한다. 거울이 비추는 대상물을 어느 정도로 왜곡시키느냐에 따라 실제 모습은 여러 가지 다른 모습으로 나타난다. 얼굴이 길쭉하게 보이는 거울도 있고 몸이 옆으로 퍼져서 보이는 거울도 있다. 얼굴이나 사물을 확대해서 보여주는 오목 거울도 있고 축소해서 보여주는 볼록 거울도 있다. 이런 모든 왜곡 거울은 실제 모습과는 전혀 다른 모습을 보여주기 때문에 색다른 기분이 들게 한다.

시험 때문에 불안한 자신의 모습을 왜곡 거울에 비춰본다고 상상해보자. 시험을 치르고 있는 내 모습이나 불안해 하는 내 모습이 어떻게 보일까? 미워하는 사람이나 싫어하는 사람을 왜곡 거울에 비춰보게 되면 어떤 기분이 들까? 사람들 앞에서 실수한 것 때문에 우울하다면 실수 장면을 왜곡 거울로 바라본다고 상상을 해보자. 계속해서 우울함을 느끼게 될까? 그리고 이 상황을 영상으로 녹화한다고 상상해보자. 말소리를 비롯하여 여러 가지 소리 조차도 왜곡되어 녹음될 것이다. 아마도 이 모두가 상황을 의도적으로 심하게 왜곡하는 것이기 때문에 코미디처럼 느껴질지도 모른다. 그래서 말도 안 된다고 생각하면서도 다른 한편으로는 불안과 스트레스의 감정이 즉각 사라지는 느낌을 가지게 된다.

요즘은 스마트폰의 다양한 어플리케이션 개발로 핸드폰 카메라를 통해서도 왜곡, 편집 등을 직접 해볼 수 있다. 예를 들어 얼굴 바꾸기, 얼굴 합성하기 등이다. 동물의 얼굴을 의인화하거나 사람의 얼굴을 동물과 합성해 재미있는 연출도 가능하다. 많은 사람들이 이런 기능들을 이용해 코믹한 사진을 만들고 친구들과 공유하기도 한다. 이 모두가 자기 객관화를 통해 원래의 자신을 떼어내고 왜곡을 통해서 새로운 감정을 입히는 것과 같은 맥락이다.

이제 구체적으로 이 방법을 실제로 행동으로 적용해보자. 아래 순서대로 따라 한다면 즉각적으로 부정적 감정에서 자신을 분리해내는 효과를 얻을 수 있다.

불안하거나 기분이 좋지 않다면 그 감정이나 기분이 무슨 이유 때문인지 눈을 감고 생각해보라. 그리고 그 이유에 해당하는 상황에 대해서도 생각해보라. 그 장면을 왜곡 거울을 통해서 본다고 상상하고 느껴보라. 가능하면 재미있고 웃기는 장면이 되는 왜곡 거울을 가져오라. 이제는 부정적인 감정 때문에 불안함이나 스트레스를 느끼고 있는 내 모습을 왜곡 거울을 통해서 본다고 상상해보라. 과거에 안 좋았던 경험이나 기억 때문에 스트레스가 되거나 힘든 기억이 있다면 마찬가지로 그 기억 속의 장면이나 상황을 왜곡 거울을 통해서 바라보라. 왜곡 동영상으로 녹화된 것을 시청한다고 생각해도 좋다. 미워하거나 싫어하는 사람이 있다면 그 사람의 얼굴이나 모습을 사진 앱을 이용해서 합성하는 상상을 해보라.

11. 온도계로 자신감 올리기

2021년 현재, 전 세계를 휩쓸고 있는 코로나19 때문에 우리는 일상생활에서 여러 가지 변화를 경험하고 있다. 이전보다 훨씬 자주 손을 씻거나 손 소독제를 일상품처럼 사용하고, 외출할 때나 공공장소에 갈 때면 마스크를 착용하는 것은 기본이 되었다. 다중 이용시설에 입장할 때 체온을 측정하는 일도 이제는 일상 절차처럼 다들 잘 지키고 있다. 사실 이런 상황이 처음에는 몹시 당황스럽고 번거롭기도 했지만 이제는 모두가 자연스럽게 받아들이고 있다.

바이러스 감염 여부를 알아보기 위해 가장 먼저 체크하는 것이 체온이다. 체온은 면역력과 같은 일반적인 건강 상태뿐만 아니라 혹시 모를 감염 가능성을 알려주는 지표로 활용된다. 요즘은 대부분 전자식 체온 측정기를 쓰지만 과거에는 기다란 유리 막대처럼 생긴 온도계의 끝부분을 입에 물거나 겨드랑이에 끼워 온도를 측정했다. 온도계 가장 아래쪽의 빨간색 액체가 담긴 부분을 구부(球部)라고 했는데, 이 빨간색 액체가 막대처럼 움직이며 온도를 알려준다. 그래서 구부를 손으로 감싸거나 입김으로 계속 불게 되면 온도계의 수치가 인위적으로 변화된다.

나는 심리상담을 할 때 이와 같은 온도계의 원리를 활용한다. 발표 불안이 심해서 직장생활을 하는 것이 힘들다고 스트레스를 호소하는 직장인을 상담한 적이 있다. 20대 후반의 승민 씨는 직장 생활 3년 차로 교육부서에서 일하고 있었다. 일 자체는 대학 때의 전공을 살린 일이라 적성에도 맞고 재미도 있다고 생각하고 있었다. 그런데 직장 생활의 어려움 때문인지 점점 동료나 상사 앞에서 하는 발표에 심한 불안감을 느끼고 있었다. 어릴 때부터 내성적인 면이 있어서 활동적으로 지내지는 않았지만 이 정도까지는 아니었다. 승민 씨는 점점 직장 생활에 자신감을 잃어가고 직장을 그만두어야 할지 고민하고 있었다. 그와의 대화를 잠시 옮겨보았다.

"불안의 정도가 많이 심한가 보군요. 그렇다면 지금 이 이야기를 할 때는 어떤가요? 지금도 어떤 불안감이 느껴지나요?"

"네, 불안해요. 불안을 느낍니다. 선생님과 이야기를 하려니 최근에 있었던 일이 다시 생각납니다."

"지금 불안하다는 사실을 어떻게 아세요?"

"얼마 전 프레젠테이션 자리에서 당황한 일이 있었어요. 그래서 그때 생각이 나면서 가슴이 답답해지고 심장이 두근거리네요."

"실제로 발표를 하는 것도 아니고 그냥 그런 것에 대해서 생각만 하는 것으로도 불안해진다는 거죠?"

"네. 신입 때는 그렇지 않았는데, 2년 차가 되면서부터 맡게 되는 일이 점점 많아지면서 덩달아 불안감도 함께 커지는 것 같아요. 올해 3년 차가 되었는데 더 심해지는 것 같아 불안합니다. 새로운 프로젝트에 대한 책임감 때문인 것도 같지만, 요즘에는 발표를 해야 한다는 생각만으로도 가슴이 두근거려요. 그래서 출근하는 것 자체가 겁이 나고 그래요."

대화의 과정을 보면 알겠지만 승민 씨의 불안 정도는 결코 가볍지가 않았다. 나는 승민 씨를 긍정적인 방향으로 변화시키고자 앞서 얘기했던 온도계의 원리를 이용해보기로 했다.

온도계의 원리를 이용한다는 것은 온도계의 구부를 손으로 감싸 쥠으로써 수은주의 높이가 변하는 것을 마음속으로 상상하는 것인데, 그것은 단순히 상상으로만 끝나는 것이 아니라 실제로 필요한 변화를 만들어낼 수 있다는 데 큰 의미가 있다. 우리는 힘든 일을 겪거나 용기를 잃을 때 사랑하는 사람이나 평소에 자신을 믿고 지지해주는 사람을 생각한다. 종교적 차원에서는 신과 같은 절대자에게 기도를 하기도 한다.

그렇게 하다 보면 새로운 힘과 용기가 생기고 다시 도전할 수 있는 자신감을 찾게 된다. 이것은 상상을 통해 얻을 수 있는 효과다. 우리가 이러한 효과를 인정한다면 온도계 기법의 효과도 자연스럽게 받아들일 수 있게 되는데, 이 기법을 활용하기 위한 과정은 다음과 같은 것을 포함한다. 첫째, 불안과 같은 자신의 주관적 경험을 객관적으로 평가하기. 둘째, 스스로 평가한 불안의 정도를 감소시키기 위한 인지적 전략을 구사하기. 셋째, 상상 속에서 온도를 높이는 것과 같은 방법을 활용함으로써 자신의 주관적 심리상태를 변화시키기.

우리가 자신의 감정에 함몰되고 그 감정에 휘둘리는 것은 자기의 틀 속에 갇히는 것이며, 자기 주관의 세계에 빠져 있는 것과 같다. 하지만 그러한 자신을 제3자적 관점에서 보고 자신의 상태를 객관적으로 판단할 수 있다면 그것은 곧 감정 속에 있는 주관의 세계에서 벗어나 자기 객관화의 상태로 돌아길 수 있는 발판이 된다. 온도계 기법은 이러한 자기 객관화의 원리를 실천하는 것과 같다고 할 수 있다.

나는 다음과 같은 식으로 상담 대화를 진행해보았다. 기존의 온도계를 심리적인 자신감을 상징하는 것으로 변환시켜서 상상해보는 방법이다.

"온도계 아시죠? 빨간색 수은주로 온도를 재던 옛날 온도계 상상할 수 있겠어요?" 온도계는 실제로는 온도나 체온을 측정하는 것이지요. 그럼, 상담을 위해서 일단 그런 온도계를 상상해봅니다. 그리고 지금부터 온도계의 빨간색 수은주는 나의 자신감 정도를 보여주는 것이라고 생각하도록 하고 그렇게 받아들이는 것입니다. 혹시 지금 느끼고 있는 자신감이 100점 만점 기준으로 몇 점 정도에 해당될까요?"

"글쎄요, 20점 정도쯤 될 것 같아요."

"그래요? 그렇다면 앞으로 자신감이 어느 정도로 높아지면 좋을까요? 100점까지 되고 싶어요?"

"아뇨, 그냥, 80점 정도라도 되면 너무 좋겠어요."

"네, 그 정도군요. 그럼, 이제 시작할게요. 잠시 눈을 감아보세요. 그리고 아까 말했던 온도계를 한 손에 들고 20도를 가리키고 있다고 상상해보세요. 좋아요. 이번에는 과거에 언젠가 자신감을 크게 느꼈던 상황을 생각해보고 그때의 기분을 느껴보세요. 그리고 수은주를 손으로 감싼 채 그때의 좋은 기분을 수은주의 구부 속으로 주입하되 당신의 체온도 함께 주입한다고 상상하세요. 이때 주먹 쥘 때처럼 손에 힘을 꽉 주세요. 그와 함께 구부를 세게 꼭 잡고 있다는 상상을 하고 그 느낌을 갖도록 하세요. 그렇게 하고 있나요?"

"네……."

"좋아요. 그렇게 하는 동안에 수은주가 조금씩 높아지는 것을 상상해보세요. 조금씩 높아지는 수은주가 당신이 목표로 하는 80까지 높아져 가는 것을 상상하세요. 80을 생각하면서 심호흡을 하는 동안에 수은주는 점차로 올라갈 거예요. 그렇게 느껴보세요. 잘 되고 있나요?"

"네, 손도 그렇지만 몸에서도 왠지 열이 나는 것 같아요."

"맞아요. 잘하고 있어요. 그게 상상력의 힘이죠. 마음을 모으고 집중을 하면 정말로 그렇게 상상이 되면서 몸의 반응도 일어날 수 있어요. 배고플 때 맛있는 음식을 생각하면 저절로 입에서 침이 돌고, 사랑하는 사람과 하는 데이트나 행복한 일 등을 생각하면 가슴이 설레고 심장이 두근거리게 되잖아요. 또 놀라거나 공포를 느낄 때 몸에서 소름이 돋고 머리 끝이 곤두서기도 하고요. 이것을 심신 상관성(Mind-body Connection)이라고 합니다. 상상이나 감정은 곧 몸을 통해서 반응을 일으킨다는 지극히 당연하고 평범한 원리입니다. 이제 정말로 자신감 정도가 올라간 것 같나요?"

"네, 마음이 좀 편해지고 자신감도 상승된 것 같아요."

"그럼 불안은 어때요? 지금도 불안이 느껴지나요?"

"지금은 괜찮아요. 잠시 동안 온도계니 뭐니, 다른 얘기를 하다 보니 잊고 있었어요."

"그래요. 그렇다면 좋아요. 이제, 온도계를 조금 내려놓으세요. 그리고 아까 말했던 발표 불안에 대한 것으로 돌아가 보죠. 평소에 발표장에서 느꼈던 불안을 방금 우리가 했던 온도계 상상법으로 해소시켜보도록 할 텐데 가능할까요?”

“네, 가능할 것 같아요.”

“좋아요. 그럼, 최근에 있었던 발표상황으로 돌아가서 그때의 상황과 기분을 떠올리고, 그때 어느 정도 불안했는지, 즉 얼마나 자신감이 없었는지를 생각하고 느껴보세요. 어때요? 그때로 돌아갔나요? 그리고 느껴지나요?”

“네, 그때가 생각납니다. 그리고 좀 긴장되는 것 같아요. 그때처럼 불안이 올라오는 것 같아요.”

“좋아요. 그렇다면 그 상태를 그대로 받아들이면서 다시한 손으로 온도계를 들어서 잡는다고 생각해보세요. 그리고 잠시 후면 그때 경험했던 자신감의 정도가 보일 거예요. 어때요? 되고 있나요?”

“네……”

“좋아요. 그럼, 수은주는 어떻게 되었나요?”

“수은주가 15 정도를 가리키는 것 같아요.”

“좋아요. 많이 낮군요. 그럼 이번에는 아까 해봤던 것처럼 아래쪽의 구부를 쥔다고 생각해보세요. 그러면서 수은주가 높이 올라가도록 해보는 것입니다. 일단은 체온 때문에 조금씩 올라갈 거에요. 그렇겠죠?”

“네……”

“좋아요. 이번에는 아까처럼 심호흡을 하면서 아까 기억했던 과거의 자신감 상태를 생각하고 그때의 느낌을 끌어오세요. 그리고 그것을 체온과 함께 구부 속으로 주입하는 상상을 하고 느껴보세요. 이때 주먹 쥘 때처럼 손에 힘을 꽉 주세요. 그와 함께 구부를 세게 꼭 잡고 있다는 상상을 하고 그 느낌을 갖도록 하세요. 그렇게 하고 있나요?”

“네⋯⋯.”

“좋아요. 그렇게 하는 동안에 수은주가 조금씩 높아지는 것을 상상해보세요. 조금씩 높아지는 수은주가 당신이 목표로 하는 80까지 높아져 가는 것을 상상하세요. 80을 생각하면서 심호흡을 하는 동안에 수은주는 점차로 올라갈 거예요. 그렇게 느껴보세요. 잘 되고 있나요?”

“네, 되고 있어요. 아까보다 더 잘 되는 것 같아요.”

“당연히 그렇겠죠. 연습 효과가 있으니까. 그래서 연습이 중요해요. 앞으로는 이 방법이 습관이 될 때까지 반복해서 연습해야 해요.”

“네, 그렇게 할게요.”

“좋아요. 지금은 어때요?”

이와 같은 식으로 진행된 심리 상담을 통해서 승민 씨는 좋은 효과를 보았다. 그런데 이런 기법에서는 개인차가 있어서 단 한 번 만이 아니라 여러 번 반복하면서 좋아지는 경우가 대부분이라는 점, 그리고 이것은 마음의 상상을 통해서 진행되는 것이므로 이왕이면 풍부한 상상력과 함께 열린 마음, 동기 수준, 적극성이 높을수록 효과가 좋다는 점을 참고하기 바란다. 사실 상상의 힘은 아주 커서 밤에 잠자리에서 낮에 봤던 영화가 생각나면서 혼자서 웃기도 하고, 특히 로맨틱한 장면에선 가슴이 설레고 두근거림을 느끼기도 하며 꿈으로 다시 그 장면을 만날 수도 있다.

우리는 과거에 잘했던 일, 성공했던 상황, 행복했던 경험을 떠올리거나 상상을 하면 자연스레 용기가 나고 기운이 생긴다. 반면에 실패나 좌절 경험을 떠올리거나 하면 저절로 기운이 빠지고 자신감도 떨어진다. 실제적인 상황이나 환경이 변함없더라도 마음에서 생각하고 상상하는 것만으로도 감정이 달라지고 자신감의 수준이 바뀌게 된다.

앞서 플라시보 효과를 언급한 적 있다. 환자가 약이나 의사에 대한 믿음을 가지게 되면 설사 가짜 약이라 할지라도 약의 효과가 발휘된다. 이것도 넓은 의미에서는 마음의 힘이자 상상력의 힘이라고 할 수 있다. 비록 낫는다는 생각과 상상을 의식적으로 하지 않더라도 약을 먹었으니 괜찮아질 거라는 믿음이 무의식 차원에서 영향을 주었다고 할 수 있다. 그렇게 볼 때 상상을 통해 자신의 자신감 수준을 끌어올릴 수 있다면 그것이 실제적인 자신감으로 연결되면서 불안을 극복하는 효과를 발휘할 수 있게 된다.

일반적으로 발표 불안이나 시험 불안과 같은 문제를 가진 사람들은 실제 상황이 아닌 그것을 앞둔 상황에서부터 불안을 느낀다. 그런 현상을 '예상 불안(Anticipatory Anxiety)'이라고 부른다. 불안을 경험하는 대부분의 사람들은 예상 불안도 흔히 겪는 경험이다. 그것 또한 상상으로 일어나기 때문이다. 승민 씨는 발표를 해야 하는 미래 상황과 관련하여 안 좋은 장면이나 결과를 미리 상상하거나 혹은 저절로 상상이 되어 불안을 경험한다. 안타깝게도 예상 불안을 안고 있는 상태에서는 실제 발표를 하게 되더라도 능력 발휘가 제대로 안 되고 실수도 하게 된다. 하지만 승민 씨의 사례처럼 온도계라는 구체적인 물건을 가지고서 이를 자신감에 대입시켜 상상을 하게 되면 실제로 자신감을 회복하는 효과를 쉽게 얻을 수 있다. 상상만으로 자신감이 있는 상황을 연출하며 이미지 훈련 같은 것을 할 수도 있지만, 온도계 같은 구체적인 물건에 견주어 진행하게 되면 자신감 확보를 좀 더 용이하게 할 수 있다. 온도계(자신감계)를 활용한 부정적 감정 극복을 일상생활에서도 종종 사용해보면 좋겠다.

12. 다이얼로 불안감 내리기

내 유년기에는 오락의 도구가 라디오 외에는 별로 없었다. 라디오를 통해서 뉴스를 듣고 연속극을 듣는 것이 거의 유일한 낙이었다. 그런 가운데 축구 같은 경기가 벌어질 때면 사람들이 라디오 앞으로 몰려들었던 기억이 난다. 특히 국제 경기에서 우리나라가 준결승전이나 결승전에 올라가기라도 하면 온통 라디오 앞에 모여서 중계 아나운서의 목소리를 들으며 응원을 하곤 했다. 지금도 마찬가지지만 특히 일본이나 북한과의 대회 때면 응원의 열기가 더욱더 뜨거웠다. 젊은 독자들은 잘 모르겠지만, 태국 방콕에서 열린 제5회 아시아 남자 농구선수권대회의 우승, 복싱의 김기수 선수가 우리나라 선수 최초로 세계 챔피언이 되었던 경기, 홍수환 선수가 4전 5기의 기적을 탄생시킨 이야기 등등. 시시콜콜한 옛날얘기지만 나에게 있어서는 모두 추억의 한 토막들이다.

이번 장에서 라디오에 대한 이야기를 꺼낸 이유는 바로 다이얼에 대한 이야기를 하고 싶어서다. 일반적으로 라디오를 듣기 위해서는 반드시 다이얼을 돌려야 한다. 원하는 방송 채널을 선택하기 위해서는 주파수를 맞춰야 하는데, 대다수 구형 라디오는 다이얼을 돌려서 채널을 찾도록 되어 있다. 그리고 음량을 조절하기 위해서도 다이얼을 돌린다. 다이얼은 라디오 외에도 수많은 전기·전자 기구에 사용된다. 집안의 가전은 물론이고, 자동차 등에도 사용된다. 많은 것들이 디지털화되면서 터치식으로 바뀌고 있지만 다이얼은 가장 직관적인 조절 장치이다 보니 아직도 여러 곳에서 쓰이고 있다.

나는 때때로 상담 현장에서 이 다이얼을 활용하여 내담자의 불안 문제를 다루곤 한다. 이 방법은 상상 속에서 다이얼을 조작하도록 함으로써 자신의 마음과 불안을 조절할 수 있게 하는 방법이다. 앞에서 온도계를 이용해 감정의 레벨을 조절하는 방법을 설명했는데, 이번에는 이 원리를 다이얼에 적용한다고 생각하면 된다.

이제 다음의 실제 상담 사례를 통해서 다이얼 기법이 어떻게 활용되는지 살펴보자. 이번 글에서도 지난번처럼 내담자와의 상담 과정 자체를 그대로 재현해보았다. 심리 상담이 어떤 식으로 진행되고 상담자와 내담자 사이에서는 어떤 대화들이 오가는지를 참고하는 데 도움이 되면 좋겠다.

　사례자는 하린이라는 이름을 가진 20대 여성으로 강아지를 무서워하는 문제를 가지고 있었다. 그래서 동네 공원에 가는 것도 불안해했으며 길을 다닐 때 강아지를 만나면 멀찍이 피해 가곤 했다.

　"하린 씨는 언제부터 강아지를 무서워했어요?"

　"유치원 때부터인 것 같아요."

　"그렇다면 혹시 유치원 때 강아지와 관련하여 무슨 일이 있었나요?"

　"강아지에게 물린 적이 있어요. 유치원을 마치고 엄마와 집으로 가는 길에 평소에 자주 마주치던 강아지가 저에게 달려들어 제 다리를 물었던 기억이 있어요. 아무튼 그때 저는 너무 놀랐던 것 같아요. 솔직히 그다음 장면은 기억 나지 않아요. 엄마 말씀으로는 그때 제가 거의 까무러쳤대요. 엄청 울었겠지요. 다행히 상처가 크거나 깊지 않아서 상처는 쉽게 아물고 얼마 가지 않아서 깨끗이 나았어요."

　"그럼, 그때 이후로 개를 무서워하게 되었다는 뜻이군요."

　"네……."

　"지금 이런 얘기를 나누는 동안은 기분이 어때요?"

　"손에 땀이 나네요."

　"무섭고 불안하다는 뜻이군요."

　"네……."

"그럼, 지금 기분, 즉 무섭거나 불안한 기분이 어느 정도일지 체크해볼까요? 그러니까, 예를 들어 전혀 불안하지 않으면 0점이에요. 조금 불안하다면 1점이고, 조금 더 불안한 경우에는 2점이라고 해봐요. 그리고 불안의 정도가 심해질수록 점수는 더 높아져서 마지막 10점이 되면 불안이 최고로 심해서 견디기 어려울 정도가 된다고 생각해봐요. 지금, 하린 씨가 느끼는 불안 점수는 몇 점 정도 될 것 같아요?"

"네, 저는 5점 정도가 될 것 같아요."

"혹시, 왜 5점 정도가 된다고 말하는지 좀 더 근거를 갖고 점수를 정해보면 어떨까요? 예를 들어, 어떨 때 1점 정도가 된다고 말할 수 있을까요?"

"그냥 약간 마음이 편하지 않은 느낌이 들 때가 아닐까요? 아무렇지도 않은 0의 상태는 아니니까요."

"맞아요. 그렇게 생각해보면 되는 거예요. 그렇다면 3이라고 할 경우에는 어떤 상태가 될 것 같아요. 어떤 때 3짐 정도로 답할 것 같아요?"

"……. 아, 어려워요. 이렇게까지 생각해야 하는지 몰랐어요."

"아, 괜찮아요. 틀려도 상관없어요. 이런 식으로 꼬치꼬치 물어보는 것은 다 이유가 있기 때문이랍니다. 답하기가 좀 곤란하다 생각할 수도 있는데, 사람들이 평소에 한 번도 이런 식으로 생각해보지 않아서 어렵다고 생각하는 것뿐이에요. 일반적으로 사람들이 불안을 느낄 때면 막연하게 '불안하다'고만 생각하지 구체적으로 '어떻게' 불안한지 또는 '어떤 식으로 얼마나' 불안한지에 대해서 생각하지를 않아요. 그래서, 어떻게 얼마나 불안한지에 대해서 물어보면 사람들은 뭐라고 대답해야 할지 잘 몰라 한답니다. 지금부터라도 한번 생각해보세요. 그냥 약간 마음이 편하지 않은 느낌이 들 때가 1에 해당한다고 대답했죠? 그렇다면 그것보다 좀 더 불편하거나 불안한 상태는 2가 되겠죠? 여기에서 조금 더 나간다면 3이 될 거구요."

"네, 그냥 강아지를 생각할 때 그 정도 느낌이 들어요. 3정도."

"그렇군요. 평소에는 아무렇지도 않다가 강아지에 대해서 생각을 하게 되면 어쨌든 마음이 불편해지면서 가슴에서 답답한 기분을 느끼게 된다는 그런 말이죠?"

"네……."

"알겠어요. 그럼, 좀 전에 어릴 적 강아지에게 물렸다는 얘기를 했을 때의 불편한 감정은 5라고 대답했죠?"

"아까 전에는 그렇게 구체적으로 생각하지 않았지만, 지금 선생님 설명을 듣고 보니 그런 것 같아요. 5 정도로 불안한 마음이 있어요. 그런데, 지금은 이렇게 선생님과 얘기를 나누다 보니 약간 내려간 것 같기도 해요.”

 “그럼, 지금은 어느 정도 될까요?”

 “네, 지금은 3이나 4정도 되는 것 같아요. 이제 선생님 말씀을 조금 알아들을 것 같아요. 아까는 사실 가슴이 좀 두근거리기도 했거든요. 약하긴 했지만 또 종아리 쪽에도 왠지 화끈거리는 느낌이 있었고, 그래서 5라고 했던 것 같아요. 가슴이 더 많이 두근거리고 종아리의 느낌이 더 뚜렷했다면 6이나 7을 얘기했겠죠……”

 “다행이에요. 어쨌든 우리가 불안과 같은 감정을 분석하고 수치화하려고 생각하는 동안 저절로 수치가 약간 내려갔군요. 아마도 처음에 강아지 때문에 놀랐던 기억을 이야기하던 상태에서 수치를 생각하는 쪽으로 생각의 초점이 옮겨지고 바뀌어서 불안의 감정도 조금씩 약해지고 멀어지게 된 것이 아닐까 생각해요.”

 “나의 불안을 객관화하는 수치를 생각하는 것만으로도 실제 불안과 나를 멀찍이 떨어뜨리는 효과를 낼 수 있어요. 이런 경우를 ‘자기 객관화’라고 합니다. 자신의 감정에 몰입되어 감정에 끌려가는 것이 아니라 자기가 어떤 감정 상태에 있으며, 현재 어떤 감정을 느끼고 있는지 생각하고 분석하는 거죠. 자신의 상태나 감정조차도 남의 일인 것처럼 분석하고 바라본다고 할 수 있어요. 마치 ‘강 건너 불구경’하듯이 자기를 보는 거예요."

"솔직히 아까도 대화를 나누면서 제가 밖에서 저를 바라보는 것 같은 감정을 느꼈어요. 그와 동시에 감정이 조금 식는 것 같은 기분도 들었고, 나의 일이 아니라 남의 일인 것처럼 바라보는 그런 느낌도 들었어요. 지금도 그래요. 지금도 조금 전의 4보다 조금 더 점수가 내려간 기분이에요. 그래서 한 3이나 2 정도로 내려간 것 같아요."

"네. 잘 따라오고 있어요. 지금 이런 대화를 통해서 이미 자기 객관화가 되고 있네요. 좋아요. 실제로 우리가 평소에도 이런 식으로 자기 자신을 바라보고 분석할 수 있으면 자기 객관화를 하는 것이라 할 수 있어요. 사실 이것은 적절한 훈련이나 연습이 필요한 것이에요. 그래서 반복적으로 연습을 하게 되면 스트레스를 받아도 쉽게 감정에 휘둘리지 않게 되고 빨리 나쁜 감정 상태에서 벗어나게 되지요."

"네, 그렇겠네요."

"좀 엉뚱한 얘기 같지만 다이얼을 하나 생각해볼게요. 집안에 있는 스토브나 전자제품의 다이얼을 하나 생각해보면 어떨까요?"

"이번에는 그 다이얼을 돌리는 상상을 해보세요. 다이얼의 수치가 0을 가리키고 있다고 상상해볼게요. 그리고 다이얼 수치를 조금씩 높은 쪽으로 돌리는 상상을 해볼게요. 그리고 이 다이얼을 하린 씨의 불안한 감정 상태를 보여주는 '불안 다이얼'이라고 생각해보세요. 하린 씨의 감정 상태 수준만큼 그 불안 다이얼이 수치를 보여준다고 생각하는 거예요."

"조금 전에 강아지에게 물린 기억을 생각했을 때 수치가 4 정도 된다고 했지요? 그렇다면 불안 다이얼을 4에 맞춰 놓으세요. 그리고 느껴보세요. 화끈해지죠?"

"이제는 반대로 다이얼을 내리는 생각도 해보세요."

"그럼, 이제 강아지를 한번 생각해보세요."

이상의 대화가 이어지면서 상담은 계속되었다. 주지했다시피 우리는 마음속의 주관적인 감정을 객관적인 차원에서 수치화할 수 있고 다이얼을 그 수치에 맞게 돌릴 수 있다. 그리고 수치가 낮은 쪽으로 돌리는 상상을 하는 가운데 감정이 완화되는 효과를 볼 수 있다. 결과적으로 상징적인 방법을 통해 감정을 조절할 수 있다. 그러므로 불안감에 휩싸일 때 얼른 내 안의 불안 다이얼을 꺼내 돌린다고 생각해보자. 그런 다음 내가 원하는 만큼 다이얼을 돌리면 된다. 나는 내담자에게 이런 실습을 시킬 때 항상 다이얼을 구체적으로 상상하게끔 한다. 다시 말하지만 다이얼을 상상하는 것만으로도 내 감정을 객관화할 수 있고, 나아가 다이얼을 조작하는 상상을 통해서는 실제 내 감정을 컨트롤해볼 수 있다. 다이얼은 물론 비유적 도구다. 하지만 그렇게 상상을 하면서 마음으로 실행을 해보면 정말로 그렇게 느끼게 된다. 그리고 그 결과로 나중에는 원하는 방향으로 원하는 만큼 불안 다이얼을 낮추거나 고정시키는 일이 더욱 쉬워진다.

이렇게 생각하면, 불안 조절이 쉽다고 생각할 수도 있겠다. 굳이 나 같은 전문가를 찾아올 이유가 없다고 생각할지도 모른다. 하지만, 사람들은 불안을 느끼고 특정 감정 상태에 빠지는 순간 현실적인 생각이나 이성적 사고와 비판력을 잃어버린다. 아주 쉽게 암시를 받는 상태에 빠져버린다. 전문가의 역할이나 이 책이 줄 수 있는 가치가 바로 그런 암시를 조정하는 과정을 이끌어주는 역할이라고 할 수 있다. 흔히 멀쩡한 사람들이 보이스 피싱을 당하고 사기 사건에 말려드는 것도 같은 이치다. 감정에 휘말릴수록 이성적 사고력이나 현실적 판단력이 사라지기 때문에 영향력이 있거나 권위적인 사람이 하는 말이 힘을 발휘하게 된다. 보이스 피싱이나 사기 사건의 경우 범인은 일단 대화의 주도권을 쥐면서 갑의 입장에서 일방적으로 대화를 이끌어가게 된다. 그리고 피해자의 감정을 건드리면서 피해자를 을의 자리로 가게 한다. 가족과 같은 가까운 사람의 갑작스런 사고나 불길한 소식을 거짓으로 말하면서 피해자의 이성을 일순간 마비시키기도 한다. 이처럼 범인은 교묘한 화법으로 그렇게 피해자를 농락한다. 그 순간 피해자는 제정신으로 현실을 파악하기가 어려워진다. 이때 범인의 한 마디 한 마디는 피해자에게 큰 암시적 힘을 발휘한다. 최면의 효과와 유사하다고 할 수 있다. 불행히도 피해자는 나쁜 최면에 빠져드는 것이다. 그래서 한순간에 수백만 원, 수천만 원의 돈을 날리는 일이 발생한다. 그리고 이내 정신을 차렸을 때는 "내가 미쳤나 봐", "그때는 내가 뭐에 홀린 것 같았어"라며 피해를 호소하게 된다.

오늘 소개한 내용과 같은 방법을 따라 하다 보면 누구라도 비슷한 효과를 얻을 수 있다. 상상을 통해서 불안의 정도를 높일 수 있다면 당연히 상상을 통해서 불안의 정도를 낮출수도 있다. 앞의 사례에서도 봤듯 상상을 통해서 다이얼을 조작하는 연습을 반복하고 스스로 자기 분석을 하는 연습을 해보자. 불안하거나 화가 나는 감정이 들 때 다이얼을 떠올리는 것만으로도 스트레스를 조절하고 관리할 수 있는 준비가 된다. 이런 원리와 방법을 숙달하게 되면 누구라도 감정의 노예가 아닌 감정의 지배자가 될 수 있다.

13. 마음속 숯불 걷기로 두려움 없애기

오래 전 미국에서 숯불 걷기(firewalking)라는 교육 이벤트에 참가한 적이 있다. 숯불 걷기란 이름 그대로 숯불 위를 맨발로 걷는 것을 말한다. 사람들은 흔히 '숯불 걷기'란 말을 처음 접하게 되면 "그것이 정말로 가능하냐?"는 질문부터 먼저 한다. 그러면서 아니, 무슨 극기 체험도 아니고 도저히 상상이 안 된다는 반응을 보인다. 나 또한 처음에는 그렇게 생각했다. 하지만 결과부터 얘기하자면 나는 뜨거운 숯불 위를 맨발로 걷는 데 성공했다.

2002년 여름, 나는 미국의 유명한 자기 계발 전문가이자 동기부여가인 앤서니 라빈스(Anthony Robbins)의 세미나에 참석했다. 우리나라에서도 『네 안의 잠든 거인을 깨워라』라는 책으로 인지도가 꽤 있는 분이다. 토니라는 애칭으로도 불리는 그는 캘리포니아 로스엔젤레스 인근에서 자기 계발 세미나를 진행하는데 숯불 걷기는 이 세미나에서 진행하는 전통적인 프로그램의 하나였다.

이벤트는 통상 늦은 오후에, 해가 아직은 서쪽 하늘에 떠 있는 시간에 야외 주차장 한가운데에서 커다란 통나무 장작을 태우는 것으로부터 시작한다. 멀리서 보면 마치 거대한 캠프파이어 불이 타오르는 것 같다. 걷기 프로그램에 참여한 사람들은 나무가 활활 타들어 가는 모습만 보고서도 긴장되고 흥분된 마음을 가지게 된다. 이렇게 장작이 태워져 숯이 완성되면 본격적으로 숯불 걷기를 위한 준비를 한다. 하늘은 이미 어두워졌고 숯을 만들기 위해 태웠던 거대한 장작더미들도 모두 사라지고, 그 자리에는 커다란 무덤처럼 숯불 더미만 어둠을 밝힌다. 모든 참석자들은 여러 개의 조로 편성되어 자신의 차례를 기다리며 대기한다.

나는 숯불 더미를 처음 보는 순간 덜컥 겁이 났다. 저 숯불 위를 맨발로 걸어야 한단 말인가? 숯불이 깔린 길 앞에 서게 되자(숯불의 크기는 폭 3미터, 길이 10미터 정도이다) 내 안의 긴장감과 두려움은 최고치를 찍고 있었다. 숯불이 깔린 길 앞에 서면 뜨거운 숯불의 열기가 실제로 느껴진다. 그래서 이 위를 맨발로 걸어 건너편까지 가야 한다는 것을 생각하면 무섭지 않은 것이 오히려 이상했다. 하지만 우리는 모두 그 길에 도전해야 했고, 그 길을 무사히 걸어야만 했다.

드디어 완성된 숯 불길 앞에 일렬로 줄을 섰다. 조금 전 실
내에서 우리는 '할 수 있다'는 심리 교육을 받았고, 숯불을 걸
을 때의 요령과 유의할 점, 조심할 점 등을 배웠다. 그리고 배
운 대로 실제로 여러 차례 리허설도 하였다. 일종의 멘탈 훈
련이었다. 이제 우리는 교육받은 대로 실제로 실천하는 일만
앞두고 있었다.

순서에 따라 한 사람씩 교육받은 대로 숯 불길을 걷기 시
작했다. 나는 비교적 앞자리에 서 있었어서 순식간에 내 차례
가 되었다. 나는 크게 심호흡을 하고 마음을 단단히 먹고 미
리 배우고 연습한 대로 첫걸음을 내디뎠다. 발바닥으로부터
숯불의 열기를 느끼는 순간 동시에 더 큰 두려움이 함께 올
라왔다. 그러나 나는 그런 두려움을 느낄 겨를도 없이 정해진
동작을 취하고 구호를 외치면서 앞으로 걸어가기만 했다. 그
러니 어느 순간 발바닥에서 어떤 서늘한 기운마저 느껴졌다.
그 기운은 더 이상 숯불의 기운이 아니었다. 주차장 맨바닥의
차가운 느낌 같은 것이었다.

이 모든 순간들이 심리적으로는 상당히 길게 느껴졌지만
실제로는 불과 몇 초 밖에 되지 않는 시간이었다. 내가 걷기
를 마치자 우리 조를 책임진 여러 명의 스탭들과 먼저 성공한
동료들이 축하 박수와 함께 가벼운 포옹을 해주었다. 나는 너
무도 뿌듯하고 행복한 감정을 느꼈다. '아, 해냈구나'라는 강

한 자부심과 자신감도 느꼈다. 그렇게 해서 나의 숯불 걷기 과정은 성공적으로 끝이 났다.

숯불 걷기
(사진 ©2021 Fire Power Seminars)

자, 여기까지 얘기하면 많은 분들이 어떻게 그것이 실제로 가능했는지 궁금해 할 것이다. 숯불 걷기는 고통을 참는 어떤 정신적인 고행도 아니고 충분히 과학적으로도 설명 가능한 일이다. 먼저 숯불 걷기를 할 때의 주의점부터 설명해보겠다.

숯불 걷기를 할 때 가장 주의해야 할 점은 아래쪽을 봐서는 안 된다는 것이다. 만약 아래쪽을 보게 되면 곧바로 자신이 뜨거운 숯불을 밟고 있는 모습을 볼 것이기 때문에 무서움을 느껴 그대로 멈춰버리거나 더 이상 앞으로 전진할 엄두를 내지 못한다. 그래서 아래쪽을 보는 대신 45도 각도로 위쪽 방향으로 바라보는 것이 좋다. 두 번째는 절대로 멈추거나 뒤로 돌아가서는 안 된다는 것이다. 무조건 끝까지 앞으로 걸어나가야 한다. 무서움이나 공포감 때문에 걷다가 멈춰버리게 되면 어떻게 될지에 대해서는 더 이상 설명하지 않아도 잘 알 것이다. 세 번째는 스스로에게 용기를 북돋우기 위해 두 주먹을 불끈 쥐고 팔을 흔드는 동작을 하면서 큰 목소리로 구호를 외치는 것이다. 응원이나 시위를 할 때 팔을 흔들고 구호를 외치는 장면을 생각하면 된다.

이제 숯불 걷기가 어떻게 큰 위험 없이 가능할 수 있는지 과학적으로도 설명해보겠다. 숯불을 밟고 걷는다는 것은 평평한 형태의 뜨거운 바닥을 밟으며 걷는 것과는 다르다. 평평한 바닥을 밟을 때는 한순간에 발이 바닥 전체와 닿고 접촉하지만 숯불을 밟을 때에는 이와는 조금 다르다. 숯 자체는 평평하지도 고르지도 않다. 울퉁불퉁하고 불규칙적으로 튀어나오기도 한다. 그러므로 그 위를 밟고 지나갈 때 발바닥과 숯 사이에는 서로 닿지 않는 작은 공간들이 많이 생긴다. 그리고 불의 온도가 발바닥으로 전해져서 발에서 그 열기를 감각적으로 인지하고 느낄 때까지는 아주 짧지만 약간의 시간이 소요된다. 바로 그 시간 사이에 우리는 발바닥을 떼서 다음 걸음으로 옮기는 식으로 걷는 동작을 하게 된다. 뿐만 아니라 숯불의 열기 때문에 발바닥에서는 땀이 나고 그 땀에 의해 얇은 수증기 층이 형성되어 일종의 단열 효과가 발휘된다. 그래서 뜨거운 숯불이지만 그 위를 걸을 때의 화력은 예상하는 것보다는 많이 약화가 되어 있다. 그러므로 숯불을 걷는 사람들은 일반적으로 생각하는 만큼 강렬한 뜨거움을 경험하지는 않는다. 숯불 자체는 실제 몇백 도에 해당할 만큼 뜨겁지만 미리 배운 대로 그 위를 걷게 되면 화상을 입지 않게 된다. 물론 이것은 이론이다. 실제이기도 하지만 이 모든 것은 반드시 안전 지침과 제반 규정을 제대로 지켰을 때에나 가능하다.

숯불 걷기와 관련해서 과학자들도 수긍하는 점이 있다. 과학자들은 일반적인 사람들도 장시간의 정신수련 없이도 숯불 위를 걸을 수 있다는 근거로 수증기 이론과 전도성 이론을 제시한다. 물론 이들 이론에 대해서 이곳에서 자세한 설명을 할 필요는 없겠지만 숯불 걷기는 과학적으로도 설명이 가능한 만큼 기적도 아니고 특별한 능력도 아니다. 그러나 실제로 숯불을 걷는다는 것은 그런 과학 이론을 뛰어넘는 정신력이나 심리적인 요소를 포함하지 않고는 실행하기가 어렵다. 실제로 타는 숯불 앞에 서면 본능적으로 두려움을 느끼게 되는 것이 일반적인 심리이기 때문에 숯불 걷기가 아무리 과학적으로 안전하다고 해도 숯불을 맨발로 걷겠다고 도전한다는 것은 결코 쉬운 일이 아니다. 그래서 숯불 걷기는 일종의 최면 효과라고도 할 수 있으며 플라시보 효과와도 무관하지 않다. 이 모두가 믿음과 관련되는 심리적 효과에 해당한다. 그래서 숯불 걷기의 경험은 누구나 할 수 있는 것이지만 그렇다고 해서 아무나 할 수 있는 것은 아니다. 물론 사람에 따라 처음부터 두려움이 심하여 아예 도전하기를 포기하는 사람들도 있다. 그래서 너무 심약한 사람이나 노약자, 임산부와 같은 사람을 제외하고서는 누구나 경험할 수 있는 이벤트다.

숯불 걷기 체험의 감동이 너무도 컸기에 나는 이후에 톨리 버컨(Tolly Burkan)이라는 창시자 선생이 직접 지도하는 강사 과정에 참여하여 숯불 걷기 강사 자격증을 취득하기도 했다. 그 이후 나는 평소에 숯불 걷기란 것이 단순히 진기한 체험 이상의 것을 사람들에게 제공한다는 생각에 다양한 형태로 숯불 걷기 이벤트를 진행해왔다. 특히 기억에 남는 이벤트가 2007년 한강 변에서 실시된 MBC <무한도전> 프로그램인데, 무한도전 멤버 중 유일하게 유재석 씨가 실제로 숯불 걷기에 성공했다.

사실, 보통의 사람들이라면 한 번도 해보지 않은 어떤 일 앞에서 두려움을 느끼고 주저한다. 더구나 위험하기 짝이 없는 불 앞에서야 오죽하겠는가? 그 불 위를 '맨발로 걷는다'는 말을 듣기만 해도 두려움이 올라올 것이고 상상이 되지 않을 정도로 무서움과 공포감이 들 것이다. 무한도전 멤버들도 유재석 씨를 제외한 나머지는 모두 겁을 먹고 시도조차 하지 못했다. 그러나 숯불 걷기는 그러한 두려움, 불안, 공포를 이겨내게 한다. 할 수 없다는 '제한적 신념(Limiting Belief)'이 앞을 가로막을지라도 그것을 뛰어넘어 도전할 수 있게 하고, 또 실제로 해낼 수 있도록 도와준다. 이것은 머리로 이해하는 것이 아니라 몸으로 체험을 하는 것이기 때문에 평생 잊지 못할 강렬한 인상을 남긴다.

숯불 걷기에서의 숯불은 우리 인생을 가로막는 두려움의 대상을 상징한다고 볼 수도 있다. 실제적인 위험이나 위협적인 것의 상징이 되면서 도전하고 극복해야 할 목표를 상징하기도 한다. 숯불을 걷는다는 것은 숯불 앞에서의 두려움과 공포를 회피하는 것이 아니라 오히려 도전하고 극복한다는 실질적인 의미를 갖고 있다. 이렇게 본다면 숯불을 걷기 위해 지켜야 할 수칙 또한 상징성을 갖는다.

"아래쪽을 보지 말라"고 할 때의 그 아래쪽은 위험과 두려움의 대상을 상징한다. 그러므로 아래를 보지 않고 위를 보면서 앞으로 나아간다는 것은 자기가 추구하고 바라보는 목표를 향해 나아가라는 의미가 된다. 경우에 따라 목표는 두려움의 대상과 반대되는 어떤 것을 상징하기도 한다. 숯불 위에서 절대로 멈추거나 뒤로 돌아가서는 안 되며, 끝까지 앞으로 나아가야 한다는 것은 불안이나 두려움 때문에 포기하거나 좌절하지 말라는 의미이자 상징이 되기도 한다. 숯불 걷기를 할 때 손의 동작과 구호로서 미국에서는 "Cool Moss!(차가운 이끼!)"를 외치는데(한국에서는 "눈밭!"을 외쳤다) 이렇게 구호를 외치는 것은 일종의 자기암시로 자기 최면의 효과를 주면서 스스로에게 용기와 자신감을 북돋우고 자신감을 강화한다. 실제로는 숯불을 밟지만 무의식 차원에서는 차가운 이끼(또는 눈밭)를 밟는다는 암시를 주는 것이다.

사실, 보통의 사람들이라면 한 번도 해보지 않은 어떤 일 앞에서 두려움을 느끼고 주저할 수밖에 없다. 자신감은 어느 정도 타고나는 것일 수도 있지만 도전과 좌절 앞에서 시도하고 노력하는 과정에서 길러지기도 한다. 그래서 도전하고 극복하면서 성공 경험을 쌓게 되면 그만큼 두려움과 불안이 사라지고 자신감도 생기게 마련이다. 그래서 나중에는 하나의 습관으로 발전하게 된다. 그런 의미에서 숯불 걷기와 같은 경험은 자신감 습관을 만드는 좋은 방법이라고 할 수 있다.

한동안 운동선수들이나 직장 워크샵 등지에서 자신감이나 극기 훈련 차원에서 숯불 걷기 프로그램이 제법 실시되었지만 최근에는 쉽게 접할 수 없는 이벤트가 되었다. 여기서는 숯불 걷기를 통해 얻을 수 있는 교훈과 원리를 실제로 걷지 않고서도 깨달을 수 있는 방법을 제안하고자 한다. 다음에 제시되는 절차와 방법을 잘 이해하고 그대로 따라 하는 과정을 반복해본다면 마치 숯불 걷기를 직접 해보는 듯한 기분을 느낄 수 있다.

먼저, 편안한 자세로 눈을 감아보라. 평소에 당신이 불안해 하고 두려워하는 것, 해결하거나 극복하고 싶은 도전 과제나 목표, 벗어나고 싶은 스트레스 중에서 한 가지를 정해보라. 그것을 A라고 하되 하나의 구체적인 이미지로 상상해보라(숯불을 떠올려도 좋다). 이제는 반대로 어떤 힘든 일이나 과제를 잘 해내고 성취감, 자부심, 자신감을 느꼈던 과거의 경험 한 가지를 생각해보라. 이를 B 경험이라고 하자. 그것은 어떤 상황에서의 경험이었는지, 그 당시의 감정을 다시 떠올리고 그 감정을 시각적인 이미지로 그려보라. 그리고 청각적인 소리 "우!", "야!" 와 같은 소리로 상상해서 들어보라. 자신을 위한 간단한 응원 구호, "멋져! 아자! 파이팅!" 같은 것을 정해도 좋다. 이제 심호흡을 하면서 오른손(또는 왼손) 주먹을 불끈 쥐고서 앞에서 떠올렸던 이미지와 소리 등을 상상하고 느껴보라. 이때 길게 숨을 쉬면서 모든 이미지들이 온몸으로 흡수되고 몸 안에서 살아 움직이고 확장되고 팽창된다고 느껴보라. 이제는 차가운 눈으로 덮인 땅, 눈밭을 생각하고 그 위를 맨발로 걷는 상상을 해보라. 발이 얼마나 시리고 차가운지 느껴보라. 그 느낌이 올 때 느낌을 간직한 채 숯 불길을 떠올려보라. 그리고 앞의 A의 이미지들이 숯불 위에 깔려 있다고 생각하고 그 위를 눈밭을 걷는 느낌을 살리면서 힘차게 걸어가는 상상을 해보라. 그리고 다시 한번 심호흡을 하면서 그 느낌을 증폭하여 온몸으로 끌어들여보라. 그와 함께 B 경험을 상기하고 그때의 느낌을 떠올리면서 B 경험의 시각적 이미지를 떠올려보고, 청각적 소리를 상상하면서 동시에 자신을 위한 응원 구호를 생각하고 마음속으로 그 구호를 외쳐보라. 그리고 그 느낌을 온몸으로 느끼면서 숯불 위에 깔려 있는 A 이미지를 밟으며 걸어가는 당신의 모습을 상상하고 느껴보라. 이제 발에서 느껴지는 느낌이 어떠한가? 그 숯불은 뜨거움으로 느껴지는가? 차갑거나 서늘함으로 느껴지는가? 당신은 이미 뜨거움은 사라진 숯불을 자신 있게 걷고 있을 것이다. B 경험에서 느꼈던 강한 자부심과 자신감으로 A 이미지가 있는 숯불을 눈밭 위를 걷듯이 강하게 밟으면서 힘차게 걸어가는 모습을 느껴보라. 주변에서는 큰 박수로서 당신의 성공을 환영해주고 축하해주고 있다. 이때의 기분과 감정을 느끼는 과정을 계속해서 반복해보라.

14. 과거의 기억을 편집해보기

내게는 벌써 30대인 남매 자녀들이 있다. 지금은 모두 결혼해서 잘 살고 있다. 아이들이 어렸을 때 우리 가족은 주말이나 방학이 되면 자주 여행을 다녔다. 여행을 할 때면 나는 항상 사진기를 챙겼다. 사진 찍기를 좋아해서 늘 신형 카메라를 마련해서 들고 다녔다. 특히 멋진 경치나 풍경을 만나면 무조건 사진을 찍어서 앨범에 보관하곤 했다. 또한 아이들이 재미있게 놀거나 서로 장난치는 모습도 보기가 좋아서 그런 장면도 놓치지 않고 찍곤 했다. 그런 사진들은 지금끼지도 앨범에 잘 보관되어 있다.

나는 가끔 물건을 정리하거나 무언가를 찾다가 예전 사진들을 발견한다. 그럴 때면 잠시 하던 일을 까맣게 잊고서는 사진 속으로 빠져든다. 그러다 특정 사진에 눈길이 멈출 때가 있다. 그런 사진은 대체로 특별한 감회에 젖어 들게 하거나 오랫동안 잊고 있던 과거의 특별한 장면을 떠올리게 하는 사진들이다. 사진을 보다 보면 그때 그곳으로 다시 돌아가 특별한 추억에 젖기도 하고 그 사진을 찍을 때의 풍경이나 경치가 떠오르기도 한다. 즐거워하는 아이들의 표정을 통해서는 그때 아이들이 얼마나 즐거워하고 행복했는지도 상상하게 된다. 사진 속의 아내나 아이들이 입었던 옷을 보면 백화점에서 그 옷을 살 때의 기억이 떠오르기도 한다. 함께 노래 부르면서 즐겁게 놀고 있는 사진을 보면 잊고 있었던 아이들의 어릴 적 목소리도 다시 떠오른다. 그러고서는 어느새 그 노래를 흥얼거리는 내 모습을 발견하기도 한다. 젊은 엄마 아빠 모습, 어린 아이들을 안고 있는 모습, 아이들과 장난치는 모습, 양손에 한 명씩 손을 잡고 걸어가는 모습, 얼굴을 만지거나 뽀뽀하는 모습 등 사진들을 보면서 나는 가족의 손, 얼굴, 뺨을 비롯한 몸의 촉감을 떠올리고 온기를 느낀다. 어느새 나는 혼자서 빙그레 웃고 있다. 그리고 아내를 향한 젊은 날의 사랑도 다시 느낀다. 그러면서 행복감을 느낀다. 오래 전의 행복한 기억을 소환하는 순간이다.

우리가 일상에서 사진이나 동영상을 찍고 촬영을 할 때는 대부분 긍정적인 경험을 할 때다. 좋은 날이거나 기념일 혹은 행복한 순간, 즐거운 순간, 재미있고 신나는 순간의 모습이다. 보통은 우울할 때나 슬퍼할 때의 모습을 사진이나 동영상으로 찍지는 않는다. 특별히 예외적인 경우를 제외하고는 말이다. 요즘은 이미지로 자신을 표현하고 대화하는 SNS 시대라 사진의 중요성 그리고 사진이 가지는 힘이 이전과 다르게 매우 크다. 좋은 사진은 사람들의 뇌리 속에 남아서 오랫동안 기억되기도 하고 사람들의 마음을 움직이기도 한다. 이미지는 단지 개인 간의 소통 수단으로서만이 아니라 비즈니스와 마케팅에서도 빼놓을 수 없는 무기가 되었다. 개인 또한 한 장의 사진을 통해서 자신의 이미지를 알리기도 하고, 그 이미지를 통해서 자신의 존재를 부각시키면서 인플루언서로 활동하기도 한다.

미국에서 1970년대 중반에 개발되어 세계적으로 보급되었으며, 국내에서는 '신경 언어 프로그래밍'이라는 이름으로도 알려진 NLP(Neuro Linguistic Programming)는 마음을 이미지와 같은 것으로 설명한다. NLP는 정통 심리학으로 출발한 것은 아니었기에 주로 대체 심리학(Alternative Psychology)의 하나로 발전되었다. NLP는 마음의 세계를 사진을 편집하고 보정하듯 원래의 모습에서 원하는 방향으로 쉽게 수정할 수 있다고 본다. 그러므로 NLP의 원리를 알면 마음의 습관을 고치거나 새롭게 하는 데 큰 도움을 얻을 수가 있다.

나는 사람의 마음을 연구하고 가르치고 또 상담하고 치료하는 일을 하면서 마음을 바꾼다는 것이 참 어려운 일이라고 예전에는 생각했다. 하지만 NLP를 공부하기 시작하면서부터는 마음이란 것이 내가 생각했던 것보다 훨씬 짧은 시간에 아니, 한순간에도 쉽게 바꿀 수 있다는 사실을 알고서는 깜짝 놀랐다. 물론 이런 경험은 최면을 공부했을 때도 비슷했다. 나는 심리학 교수였지만 무의식에 대해서는 잘 모르고 있던 터라 여러 임상 경험을 쌓아가며 무의식에 대해 더 깊이 이해하고 체험하게 되면서부터 마음의 변화도 당연한 것으로 받아들일 수 있었다.

많은 사람들이 마음을 빙산에 비유한다. 거대한 빙산이 바다에 떠 있는 걸 의식이라고 해보자. 반면 잠재의식 혹은 무의식은 수면 밑 빙산의 아래쪽 부분에 해당하는 것으로 우리 눈에 보이지 않는 얼음덩어리이다. 알다시피 물 속에 잠긴 얼음덩어리는 물 위에 드러난 얼음보다 몇십 배 혹은 몇백 배 더 큰 얼음덩어리로 수면 아래에 감춰져 있다. 이처럼 의식은 스스로 인식하거나 각성할 수 있는 드러난 빙산이지만 무의식은 물 속의 감춰진 방산처럼 평소에는 기억조차 하지 못하는 마음이다. 그러다 꿈 같은 특별한 상황에서 상징화된 모습으로 드러나거나 떠오르곤 한다.

우리의 일상적 행동은 습관에 의해서 이루어져 있다. 말을 하는 것도 밥을 먹는 것도 걷거나 뛰는 것도 습관이다. 잠을 자는 것도 습관이며 공부하는 것, 운동하는 것도 습관이다.

습관 중에는 본능적으로 터득하는 것도 있지만 사람마다 식습관이 다르고 행동이 다르듯 후천적으로 배우고 반복하다 보니 습관이 되는 것이 훨씬 많다. 그래서 누구나 좋은 습관을 가지려고 하거나 반대로 나쁜 습관을 없애기 위해서는 의식적인 노력을 해야 할 필요가 있다. 금연이나 금주를 결심하는 사람이 그 결심을 지키기 위해 노력하는 것은 의식적 차원의 노력이다. 외국어를 배우거나 운동을 하겠다고 마음먹는 것도 마찬가지다. 우리는 이런 목표들을 의식 차원에서 결심한다. 하지만 그러한 결심을 얼마나 잘 지키고 있을까? 아마도 누구나 긍정적인 답변을 내놓긴 어려울 것이다. 그런데 앞서 소개했던 NLP나 최면의 경우에는 처음부터 무의식 차원에서 접근하고 무의식에서 습관을 다루다 보니 습관을 만드는 변화의 효과나 속도가 매우 빠르다. 왜냐하면 우리가 진짜 습관이라고 부르는 것은 사실 무의식에서 형성되어 무의식의 지배를 받는 경우가 훨씬 많기 때문이다.

의식과 무의식을 비교할 때 많은 학자들이 1:9 정도로 무의식 비율이 압도적으로 높다고 한다. 앞서 설명했던 빙산을 생각해보면 된다. 하지만 나는 무의식 비율이 이보다도 훨씬 더 높다고 주장하는 편이다. 나는 의식은 1%도 되지 않고 무의식이 99% 이상이라고 본다. 그러니 의식적인 결심과 노력이 얼마나 성공할 수 있겠는가? '작심삼일'이라는 말이나 '세 살 버릇 여든까지 간다'는 말은 모두 의식의 한계와 무의식의 힘을 상징적으로 보여주는 말들이라 할 수 있다.

어릴 때부터 해외여행을 자주 다녀본 아이는 성장하면서 자연스럽게 글로벌 마인드를 가지게 된다. 하지만 한 번도 고향을 떠나보지 않은 사람은 글로벌 마인드 자체를 이해하지 못한다. 마찬가지로 도시에서 태어나 한 번도 시골 생활을 해보지 않은 사람이라면 자연이나 생태에 대한 관심이 적을 수밖에 없다. 하지만 어릴 때부터 농촌에서 농사를 지으면서 자랐다면 날씨, 기후, 계절, 절기, 토양이나 생태적 환경에 대해서 누구보다 잘 알고 민감하다. 이 모든 것은 자연스레 평소의 일상적인 생각의 폭과 깊이에 영향을 주게 된다.

성장하면서 부모를 닮아가는 것도 마찬가지 관점에서 볼 수 있다. 아이들은 따라 하고 모방하면서 배우고 익히며 성장한다. 아이들이 가장 쉽게 모방하는 것은 부모의 행동뿐만이 아니다. 언어 표현, 생각, 감정까지도 포함한다. 부모가 자주 화를 내거나 욕을 한다면 아이도 부모를 따라 할 것이며, 부모가 자주 표출하는 감정도 따라 한다. 부모가 쉽게 스트레스 받고 불안 때문에 힘들어하는 모습을 자주 보여준다면 아이는 그런 것도 닮아 간다. 이 모든 것은 무의식적으로 학습되고 기억된다. 그리고 훗날 아이는 자기도 모르게 무의식적으로 부모에게서 배운 것을 자기 것인양 드러내게 된다. 이처럼 부모에게 배운 행동, 말투, 감정 경험과 표현 같은 것들은 모두 습관이 되어 평생을 지배한다. 자신감도 그렇고 우울한 마음도 그렇다. 이런 모든 것들은 무의식적으로 습관이 되어 평생 동안 나타난다. 평생의 습관으로 삶을 지배하고 행복과 불행을 결정짓는다고 할 수 있다. 이것이 무의식의 폭과 깊이이다. 우리는 결과적으로 그런 무의식의 지배를 받으면서 살아간다. 따라서 의식 차원에서 습관을 바꾸고자 노력하는 데에는 한계가 있을 수밖에 없다. 그래서 무의식을 알면 습관을 바꾸는 데에도 도움이 된다.

이처럼 무의식이 우리에게 많은 영향을 줌에도 불구하고 우리는 무의식에 대해서 그다지 큰 관심을 가지지 않는다. 습관조차도 의식적 차원으로만 접근하려 한다. 행동과 생각, 감정을 지배하는 무의식의 마음은 일반적으로 예상하는 것보다 훨씬 쉽게 접근할 수 있고 조절 가능하며 수정도 가능하다. 이제 그와 관련해서 좀 더 구체적으로 알아보도록 하겠다.

앞서 했던 가족사진 이야기로 다시 돌아가보자. 이미지들은 단지 사실이나 팩트를 보여주는 것만이 아닌 메타포나 상징, 메시지의 의미를 포괄하고 있다. 나는 좀 전에 이미 성인이 된 아이들의 어린 시절 사진을 보면서 내 마음은 다시 20~30년 전의 과거로 돌아감을 느꼈다. 그리고 마음으로는 그때의 목소리를 듣고 그때 만졌던 손의 촉감도 느꼈다. 그리고 함께 먹었던 음식의 냄새도 맡고 맛도 느꼈다. 그리고 가슴 한편으로는 그때 경험했던 즐거움과 행복감을 느끼면서 어느새 미소 짓고 있는 나 자신을 보았다. 이것이 바로 사진이 주는 힘이다. 한 장의 사진 속에는 남들이 모르는 온갖 추억이 포함되어 있다. 다른 사람들 눈에는 보이지 않는 모습이나 장면을 보고 그때 들었던 음악이나 사람들의 대화 소리가 들리고, 그때 느꼈던 감정을 다시 느끼고 그때 만졌거나 입었던 옷의 촉감도 다시 느끼게 된다. 그리고 음식의 맛과 냄새가 떠오르면서 입맛을 다시기도 한다. 이것이 '오감적 재경험'이다.

우리가 좋은 감정을 느끼고 경험한다는 것은 마음속에 저장되어 있는 좋은 감정의 이미지를 떠올리고 그것을 다시 경험하는 것이라 할 수 있다. 다만 그런 것이 의식적 차원에서 이루어지는 것이 아니라 무의식적 차원에서 이루어지는 것일 뿐이다. 그래서 우리는 자신도 모르게 무의식적인 감정 경험을 하게 된다. 슬프고 우울할 때 무의식적으로 눈물이 나고 불안하고 두려울 때 가슴이 뛰고 몸이 움츠러드는 것도 마찬가지 원리이다.

당신에게는 마음에 들지 않는 감정의 이미지가 얼마나 있는가? 그래서 편집하고 싶은 감정의 이미지로는 어떤 것이 있는가? 어떤 기억을 편집하고 싶은가? 그런 이미지를 아예 삭제해버리면 어떨까? 혹, 삭제까지는 아니더라도 긍정적인 것으로 새롭게 편집을 해두면 어떨까? 감정의 이미지라고 했을 때 그것이 무슨 의미인지, 구체적으로 어떤 것인지 잘 이해되지 않을 수도 있다. 그러면 이렇게 해보자. 지금 이 글을 읽으면서 '행복'을 생각해보자. 그리고 그에 따라 '행복감'을 느껴보자. 그리고 잠시 후에는 '불행'을 생각해보고 '불행감'을 느껴보자. 행복을 생각하게 되면 행복과 관련한 이미지가 떠오르고, 그것에 묻어 있는 감정이 떠오른다. 불행의 경우도 마찬가지이다. 그런데 이런 이미지들은 지극히 주관적이고 개인마다 다르다. 왜냐하면 지금까지 살아오면서 행복과 불행을 경험하고 느꼈던 상황과 경험은 모두가 다를 수밖에 없기 때문이다. 우리는 모든 감정을 마음의 이미지로 저장한다. 세상을 경험할 때면 오감적으로 경험하고 기억을 한다. 비록 사진 자체는 시각적 차원에서만 저장되고 동영상은 시각과 청각만 저장되는 것이라 할지라도 사진이나 동영상을 통해서 우리는 잠재된 오감적 경험을 소환한다. 그래서 좋아하는 노래나 음악을 생각하면 그 가수의 목소리가 들리고 멜로디가 생각난다. 그리고 우리는 그것에 맞추어 흥얼거리거나 자신도 모르게 몸을 흔들기도 한다. 음식 사진이나 동영상을 보게 되면 그 맛과 향기를 느끼면서 입에서 침이 나는 것도 모두 오감적 경험에서 비롯된 예이다.

우리는 연인이 서로 사랑하는 장면을 보거나 사랑과 관련된 이미지를 보면 자신의 사랑 경험이 떠오른다. 그래서 연인의 얼굴이 생각나 빙긋 웃기도 하고 가슴에서 따뜻하고 황홀한 사랑의 감정을 느끼기도 한다. 겨울에 야외에서 피어오르는 모닥불의 사진을 보면서는 찬 기운과 함께 따뜻한 느낌을 느끼기도 한다. 털옷을 입은 사람의 사진을 보거나 강아지를 안고 있는 사진을 볼 때는 부드러운 촉감을 느끼기도 한다. 이러한 경험들은 누구에게나 있다. 그렇게 기억되고 경험되는 것은 내 마음의 앨범에 그것과 관련되는 이미지가 있기 때문이다.

이처럼 NLP에서는 모든 기억이 우리의 무의식, 특히 오감적 형태로 저장된다고 설명한다. 트라우마 기억도 마찬가지로 오감적 형태로 기억되어 그대로 무의식에 보관되어 있다가 역시 오감적 형태로 소환된다. 그래서 과거의 기억이나 경험을 그대로 떠올리면 고통을 받게 되는 것이다. 따라서 우리가 기억을 바꾸거나 변화시키고자 할 때 무의식의 오감적 요소들을 끄집어내 원하는 방향으로 바꾸어줄 수 있다면 큰 효과를 거둘 수 있다. 무의식에 접근할 수 있는 간단한 방법이 얕은 최면 상태와 유사한 상상이다. 이제 상상을 통해서 다음과 같은 방법으로 실습을 해보자.

평소에 어떤 음악이나 노래를 좋아하는지, 좋아하는 것 한 가지를 선택해보라. 가능하면 경쾌하고 신나는 음악이나 노래가 좋다. 그것을 이번 실습의 배경음악이라 생각하고 그 노래를 들을 때의 기분 좋은 느낌, 신나는 느낌을 떠올려보고 느껴보라. 그리고 잠시 눈을 감고 심호흡을 한두 번 하라. 이제 평소에 지우고 싶은 과거의 기억이나 없애고 싶은 습관적인 감정 상태 또는 싫어하는 사람이나 대상이 있는지 생각해보라. 그리고 상상 속에서 그것을 한 장의 사진 상태로 만들어보라. 그것을 사진 A라고 하자. 그 사진에서 당신을 가장 힘들게 했던 부정적 핵심 포인트가 무엇인가. 사람의 경우에는 특정한 얼굴 표정, 눈빛, 제스처 또는 목소리를 포함한 특정한 소리나 냄새, 맛과 같은 특징이 될 수 있을 것인데 그중에서 한 가지를 선정하여 부정적인 느낌을 느껴보라. 그리고 눈을 떠보라. 그리고 심호흡을 한 후에 다시 눈을 감도록 하라. 이제는 최근에 있었던 또는 과거의 기부 좋았던 일, 행복했닌 일 한 가지를 선정하여 그것에 대해 생각하고 느껴보라. 그 핵심 장면을 사진으로 찍는다면 그것을 사진 B라고 하자. 그리고 그 장면에서 결정적으로 행복감을 느끼게 했던 오감적 차원에서의 긍정적 핵심 포인트는 무엇인지 확인해보라. 이제 당신은 최고의 연출가가 되어 B 사진에 앞에서 생각했던 배경음악을 삽입하고 그것을 플레이하고 들어보라. 이제 눈을 다시 뜨고 잠시 몇 초를 보낸 다음 다시 눈을 감고 심호흡을 하고, 이번에는 새롭게 사진 A와 부정적 핵심 포인트를 생각해보라. 이제 상상 속에서 그 사진을 조금씩 작게 만들고 멀리 보내보라. 그리고 사진 A를 전체적으로 작아지게 하고 마지막에는 그것이 먼지처럼 작아진 상태에서 세게 부는 바람에 날아가서 사라진다고 상상해보라. 그때 사진 B를 등장시켜보라. 특히, 그 사진 속의 긍정적 핵심 포인트를 크고 진하게 바라보면서 미리 정해 놓은 배경음악을 플레이하고 볼륨을 높여서 크게 들어보라. 행복하고 신나는 느낌을 느껴보라. 기분이 상승할 때 원래의 사진 A를 다시 생각해보라. 만약 다시금 부정적 느낌이 느껴진다면 사진 B의 이미지를 더욱 선명하게 떠올려라. 또한 배경음악도 더 큰 볼륨으로 듣는다고 생각하면서 사진 A의 이미지를 완전히 사라지게 해보라. 이런 과정을 반복하면서 사진 A의 이미지가 더 이상 생각나지 않을 때까지 반복하라.

15. 잠재의식 속 진짜 원인 찾기

중년의 한 사내가 가로등 불빛을 받고 있는 길 위에 쪼그려 앉아 뭔가를 열심히 찾고 있다. 때마침 지나가던 행인이 물었다.

"이 밤에 뭘 찾으세요? 뭐 잃어버리셨어요?"

"아, 열쇠를 찾고 있어요."

"무슨 열쇠를 말입니까? 같이 찾아드릴까요?"

"아, 아닙니다. 괜찮아요. 곧 찾아지겠지요. 아파트 현관 열쇠인데, 그게 있어야 집에 갈 수 있거든요. 그런데, 오늘따라 왜 이리 눈이 침침하고 안 보일까요?"

행인은 사내와 그런 대화를 주고받는 동안에 사내에게서 진한 술 냄새를 느꼈다. 아마도 사내는 만취한 상태에서 열쇠를 분실한 것 같았다. 안타까운 마음이 들어 행인은 사내와 함께 열쇠를 찾기 시작했다. 하지만 아무리 찾아봐도 열쇠는 보이지 않았다. 그래서 행인은 다시 물었다.

"여기서 열쇠를 잃어버린 것이 확실합니까? 아무리 찾아도 안 보이네요."

"잘 모르겠어요. 그냥 여기서 찾고 있어요"

"네? 그냥 찾고 있다니 무슨 말씀이세요? 어디서 잃어버렸는지도 모르면서 여기서 찾고 있다는 말인가요?"

"……."

"열쇠를 마지막으로 지니고 있었다고 기억하는 장소가 어디예요?"

"네, 마지막 열쇠 기억이, 아…… 저쪽, 길 건너편이었던 것 같아요."

"길 건너편이라고요? 여기가 아니고요?"

"네……."

"아니, 그럼 저쪽에서 찾아야지, 왜 여기서 찾고 계세요? 참, 이상하시네……."

"여기가 가로등이 있고 밝잖아요. 잘 보이고요. 저기는 깜깜해서 안 보이고. 그게 뭐 잘못됐나요?"

술 취한 사내 입장에서는 밝은 가로등 빛 아래에서 열쇠를 찾는 것이 너무도 당연한 일일 수도 있겠지만 그곳이 열쇠를 분실한 곳이 아니라면 영원히 열쇠를 찾지 못할 것이다

이 이야기는 우리에게 무엇을 상징하며 어떤 교훈을 주는

것일까? 아마도 정확하게 문제를 파악하고 문제의 원인이 무엇이며 어디에서부터 잘못된 것인지, 이에 대한 답부터 생각해야 한다는 점을 가르쳐주는 것이리라. 그리고 아무리 밝은 불빛이 있어도 장소가 틀렸다면 그곳에서는 답이 나오지 않으며 문제가 발생한 곳에 불을 밝혀야 문제를 해결할 수 있다는 것을 말해준다. 사내는 기억을 되살려서 마지막으로 열쇠를 갖고 있었다고 생각되는 장소에서부터 열쇠 찾기를 시작해야 했다.

우리는 살면서 어떤 문제가 어디에서부터 시작되었는지 모르고 엉뚱한 곳이나 엉뚱한 방향에서 문제 해결을 위한 노력을 하느라 시간과 비용을 낭비할 때가 있다. 단지 그곳이 겉보기에 '밝다'라는 이유로 말이다. 어쩌면 무지해서 그럴 수도 있겠지만 그것과 상관없이 문제 자체의 성격을 인식하지 못하거나 방향을 제대로 잡지 못해서 생기는 경우일 수도 있다. 불은 밝히고 비춰야 할 곳은 전혀 다른 곳인데 말이다.

운전면허를 딴 지 얼마 되지 않았을 때의 일이다. 밤 늦게 외출을 해야 할 일이 생겼는데 면허를 땄으니 직접 운전을 해서 가보자는 생각을 하게 되었다. 그런데 밤길 운전은 경험이 많지 않았다. 여기에 설상가상으로 비까지 왔다. 면허증을 따고 그래도 몇 번 혼자서 운전도 해보고 했으니 큰 문제는 없을 거라 생각하고 길을 나섰다. 하지만 내 예상과 달리 세차게 내리는 비는 운전석 시야를 완전히 흐리게 만들었고, 급기야 실내의 모든 창은 습기로 가득 차기 시작했다. 차창 밖이 보이지 않을 지경이 되어가자, 나는 본능적으로 한쪽 손으로는 운전대를 잡고 다른 한 손으로는 앞 유리창의 습기를 닦아가며 운전을 했다. 그리고 가끔씩은 옆 유리창도 닦아야 했다. 그 일을 겪은 후 나는 이 문제를 다른 운전자들은 어떻게 해결하는지 궁금했다. 그래서 물어봤더니 해결책은 의외로 간단했다. 에어컨을 켜면 된다는 것이었다. 만약 내가 그때 앞이 안 보인다고 실내등을 켰다면 어떻게 되었을까? 밖이 제대로 보였을까? 당연히 그럴 리가 없었을 것이다. 나는 그야말로 밝은 가로등 아래서 열쇠를 찾고자 했던 사나이가 되었을 것이다.

또 한번은 이런 일도 있었다. 면허를 따고 처음 구입한 차는 수동 기어 차량이었다. 요즘은 자동 기어가 당연하지만 내가 처음 차를 몰던 때만 해도 수동 기어가 당연하던 시절이었다. 수동 기어 차는 시동을 꺼트리지 않고 출발하는 것이 기술이었다. 변속 페달과 가속 페달을 적절히 잘 밟아야 했다. 하지만 그날은 이상하게도 차가 움직이지를 않았다. 천천히 출발하기를 기대하면서 계속해서 이리저리 몇 번을 시도해도 차는 꼼짝 하지 않았다. 요란한 소리만 날뿐 요지부동이었다. 시동을 껐다가 다시 시도해봐도 결과는 마찬가지였다. 나는 차에 문제가 있다고 생각하고 보험 회사에 전화해서 견인차를 요청했다. 얼마 뒤 도착한 견인차 직원은 차에 올라타 이것저것 살피더니 순식간에 차를 움직였다. 아니, 이게 어찌 된 일이지? 생각할 겨를도 없이 견인차 기사는 나에게 오더니 한마디했다. "사이드 브레이크를 안 내려서 차가 출발하지 못했습니다." 어이가 없었다. 도대체 그때 나는 어디에서 문제의 원인을 찾았던 것일까? 솔직히 그때 처음으로 사이드 브레이크라는 것의 존재와 그것이 왜 필요한지에 대해 제대로 알게 되었다. 지금 생각하면 실소하지 않을 수 없는 일이다. 그 당시 나는 차에 대해 무지해도 그렇게 무지할 수가 없었다. 어디서 다른 차를 타본 경험도 없고 처음 차를 구입해서 몰게 되었으니 차에 대한 상식이 전무하던 시절이었다. 나에게는 너무 어려운 문제였지만 차를 잘 아는 사람에게는 내가 겪은 에피소드는 너무도 단순하고 사소한 것에 불과한 일이었다.

이런 문제는 우리가 인생을 살면서도 많이 경험하게 된다. 복잡해지는 휴대전화의 기능이 누구에게는 어렵기만 한 일이지만 또 누구에게는 식은 죽 먹기만큼이나 쉬운 일이기도 하다. PC에서 장시간 힘들게 작업한 원고를 작은 실수로 다 날려버려 하루 온종일 절망에 빠져 있는데, 다른 사람이 한순간에 복구하는 것을 보면 또 얼마나 신기한 일인지. 이 모두가 내가 배우지 못했고 경험하지 못한 일들 때문에 생기는 해프닝이다. 과거의 아픔이나 고통의 기억도 마찬가지다. 문제가 생기고 고장이 났을 때 그 원인을 제대로 알면 간단하게 해결될 일이지만 모른다면 평생을 괴롭히는 일이 되기도 한다. 그렇게 오랫동안 괴롭히던 고민이 심리 치료사를 통해 알고 보니 간단한 문제였음을 깨닫고 허탈해하는 경우도 있다. 이처럼 단순히 겉으로 드러나는 문제에만 집중해서는 안되고 진짜 문제의 원인을 찾아서 그곳에 가로등을 밝혀야 한다.

흔히들 경험하는 증상인 불안이나 우울뿐만 아니라 일반적인 스트레스 경험에 있어서도 사람들은 그 이유를 잘 안다고 말한다. 무엇 때문에 불안하고 우울한지, 무엇 때문에 스트레스를 받고 있는지 잘 알고 있다고 답한다. 하지만 막상 이야기를 나눠보면 엉뚱한 곳을 문제의 원인으로 짚고 있는 경우가 많다. 여기서 '안다'거나 '인식한다'는 것은 인지적 차원이나 의식 수준에 있다고 할 수 있다. 하지만 그런 것은 진짜로 아는 것이라고 말할 수 없다. 왜냐하면 진짜 원인은 일반적으로 잠재의식 수준에 있어서 겉으로 잘 드러나지 않는 경우가 많기 때문이다. 의식적 차원이란 일상적이고 논리적이며 현실적인 차원에서 납득되고 설명되는 것을 말한다. 하지만 잠재의식 차원이란 합리적으로 설명되지 않고 이해도 되지 않지만 몸과 마음에 영향을 미치는 것을 말한다. 이럴 때 필요한 것이 바로 최면과 같은 방법이다. 최면은 잠재의식을 탐사하고 그곳에서 원인을 찾도록 도와주는 가장 효과적인 방법이다. 그것은 가로등 불이 아니라 마음의 등불을 켜는 것과도 같다.

우리가 부정적 감정에 끌려다니지 않고 스스로를 지키기 위해서는 자기 객관화 습관이 필요하다는 이야기를 앞에서 여러 번 했다. 자기 객관화를 제대로 하려면 의식적 차원과 함께 잠재의식 차원에서도 자신을 제대로 알고 있어야 한다. 예로 들어 참선 수행을 하게 되면 무념무상의 경지에서 자아를 탐구하고 내면세계에서 오는 목소리를 들을 수 있다고 한다. 그것은 바로 의식의 차원을 뛰어넘는 잠재의식 차원에서 들려오는 깨달음 같은 것이다. 결코 현실의 언어나 논리적 차원에서 인식되기 어렵고 설명할 수도 없는 내적 경험이다. 불립문자(不立文字)라는 말도 있다. 이 말은 불교 용어로 "경전 속의 문자에 집착 말라"는 뜻이다. 진리는 말과 글로 표현할 수 없으며 마음에서 마음으로 전하여 깨닫는다는 의미이다. 엉뚱한 곳이 아닌 진짜 내 마음의 등불을 켤 수 방법, 내가 가진 문제의 원인이 무엇인지를 찾아보고 해결할 수 있는 방법. 이렇게 한번 해보자. 이 방법은 최면이라고 해도 되고, 명상이나 상상이라고 해도 된다. 최면가가 이 방법을 가이드한다면 최면이 될 것이고, 명상가가 한다면 명상법이 될 것이다. 혼자서라면 명상 혹은 상상이 된다.

　당면하고 있는 부정적 감정 상태나 스트레스 상황 한 가지를 생각해보라. 그것을 해결하기를 원하는 '이슈'라고 하자. 이슈의 진짜 원인은 무엇이라 생각하는가? 그 생각이 정확하다고 할 수 있을까? 그렇게 생각하는 근거는 무엇인가? 눈을 감고 스스로 집중 상태로 들어가 그 상태를 유지하도록 하라. 필요하다면 가벼운 명상 음악 같은 것을 들으면서 집중 상태를 유지하는 것도 좋다. 그리고 마음의 등불을 생각함과 동시에 그 불을 켜서 주변을 밝힌다고 상상해보라. 이제 내 안에 있는 잠재의식 세계를 상상해보라. 이미 마음의 등불을 켜 둔 상태이기 때문에 나의 잠재의식이 잘 보인다. 어떤 세계인지 이미지로 떠올려보라. 필요하다면 그 이미지를 그려봐도 좋다. 무슨 색깔일까? 어떤 모양일까? 크기는 어떨까? 마음에서 떠오르거나 생각나는 대로 떠올리거나 그려보라. 이제 잠재의식 세계로 들어왔다. 마음의 등불을 좀 더 밝게 밝혀보자. 내부 세계가 환하게 보이면서 무엇이 보이는지 상상해보라. 잠재의식 안에서의 상상과 잠재의식 밖에서의 상상은 어떻게 다른가? 잠재의식 안에서의 이슈의 진짜 원인은 무엇인지 찾아보라. 필요하다면 스스로 질문을 하면서 답을 찾아도 좋다. 진짜 원인은 자신이 인식하는 표면적인 원인이나 이유 그 너머에 있는 근원적인 원인에 해당한다. 평소에는 전혀 생각하지 못했을 수도 있는 먼 과거의 일, 어린 시절의 일, 태아 때 엄마 뱃속에서의 경험 또는 경우에 따라 전생의 경험 등과 관련될 수도 있다. 떠오르는 것이 있는가? 이슈의 진짜 원인을 찾았다면 그 원인과 관련하여 당신이 할 수 있는 일이 무엇인지 생각해보라. 현실에서 실천할 수 있는 것이 무엇인지 생각해보라. 눈을 뜨고 필기를 해도 좋다. 진짜 원인을 찾지 못했다면 그냥 명상 상태에 계속 머물러 있으면서 자신의 이슈에 대해서 다시 생각해보라. 이슈의 원인을 찾았다면 이렇게 해보라. 자신의 이슈 자체가 커다랗고 하얀 눈덩이라고 상상해보라. 이제 그 눈덩이를 향해서 마음의 등불을 집중적으로 비춰보라. 심호흡을 반복하는 동안에 마음의 등불이 점차로 더 밝아지고 강해질 뿐만 아니라 주변을 뜨겁게 데우고 있다. 눈덩이가 점점 열기에 의해 녹아내린다. 눈이 녹음에 따라 심신이 가벼워지고 편안해진다. 눈덩이는 흔적조차 없이 사라졌다. 개운해진다. 충분히 개운해질 때까지 머물러 있다 눈을 떠보라. 눈을 뜰 때는 미리 눈을 뜨겠다고 생각하고 하나, 둘, 셋을 세면서 마지막 셋에 눈을 뜨도록 하라.

3부

진짜 나를
만나는 법

16. 감각 유형 분석하기 (1)

내가 키웠던 강아지는 말티즈 종의 수놈으로 호기심도 많고 장난치기를 좋아했다. 그리고 새 하얀 털이 아주 매력적이었다. 흰색과 대비되는 까만색의 눈동자, 코와 입술이 예쁘고 귀여웠다. 그런 녀석을 가슴에 안으면 심장박동이 느껴지면서 녀석이 동물이라는 생각은 저만치 사라지고 그저 사랑의 감정만 올라온다. 반려동물을 키워본 경험이 있는 사람이라면 누구라도 비슷한 느낌을 가져봤을 것이다. 그런 사람들에게 나는 다음과 같은 질문을 해보기를 좋아한다. "왜 그 동물이 좋은가요?", "그 동물의 어떤 부분이 좋은가요?" 보통은 살랑거리는 꼬리가 귀여워서 좋다는 사람도 있고, 털의 따스함이나 부드러움 때문에 좋다는 사람도 있고, 외로움을 달래주는 반려자로서 역할을 하기 때문에 좋다고 하는 사람도 있다. 그런데 이와 반대로 반려동물을 싫어하는 사람도 있다. 산책 나온 개들 때문에 공원에 가지 못하겠다고 하는 사람이 있는가 하면, 길에서 마주치는 동물에 대한 두려움이나 공포감 때문에 항상 주변을 살피는 사람도 있다.

사람도 마찬가지다. 어떤 사람을 처음 봤을 때 그 사람에 대한 호감을 느낄 수도 있고 부정적인 느낌을 느끼게 되는 수도 있다. 한순간의 호감으로 인해 계속적인 만남이나 관계가 이어질 수도 있지만 부정적인 느낌 때문에 단 한 번의 만남으로 끝나버릴 수도 있다. 물론 처음에는 비호감이었지만 나중에 호감으로 바뀌는 경우도 있으며 그 반대의 경우도 있다. 이성 간의 관계에서도 처음의 호감이 데이트로 이어지고 그것이 결국 결혼으로 이어지는 경우가 있다. 이 경우도 첫 시작은 호감에서부터 비롯된다. 무엇 때문에 그 사람을 좋아하게 되었는지 물어보면 대부분의 사람들은 하나의 주관적인 포인트를 지적한다. 여러분의 경우는 어떤가? 좋아하는 사람, 사랑하는 사람을 생각할 때 왜 좋고, 무엇이 좋고, 왜 그 사람을 사랑하는지 질문을 받는다면 당신은 뭐라고 답하겠는가? "에쁘잖아요", "잘 생겼잖아요", "외모는 모르겠고, 목소리가 부드럽고 좋았어요", "마음씨가 따뜻하게 느껴졌어요", "배려심이 매력 포인트였어요", "나를 모두 품어주는 마음이 느껴졌어요" 이런 답들을 내놓을 것이다. 모두 각자의 주관적인 포인트에서 비롯된 답이다. 이처럼 우리 마음은 단 하나의 어떤 요인이나 요소 때문에 쉽게 움직인다. 그 요인이나 요소가 긍정적으로 느껴질 때는 좋아하는 감정으로 이어져 가까이하게 되고, 부정적으로 느껴질 때는 싫어하는 감정으로 이어지면서 멀리하게 된다. 그리고 이 요인들은 모두 주관적 판단의 영역이다. 그래서 누구에게는 어떤 포인트가 좋은 것이지만 누구에게는 싫은 것일 수도 있다.

최면 상담을 받는 분들이 오면 나는 흔히 바다 풍경이나 숲, 나무, 꽃의 모습이나 색깔을 상상하거나 그려보라고 유도한다. 또는 음악 소리, 아이들이 떠들고 노는 소리, 바람 소리, 파도 소리, 물소리, 지저귀는 새소리들을 상상하고 느껴보라고 한다. 사랑하는 사람의 모습을 생각하고 그 사람의 목소리를 듣고 손을 잡았을 때의 손의 촉감을 느껴보라고 할 때도 있다. 이 과정에서도 내담자들은 각자의 주관성을 발휘한다. 주관성은 주로 오감과 관련되어 있다. 즉, 앞에서 언급한 모든 예들은 오감적 차원에서 설명되고 분류될 수 있다. 이들 오감은 우리가 세상을 인식하는 재료가 된다. 우리가 특정 대상을 좋아하는 이유가 결국은 오감 중 어느 감각 하나가 만족감을 나타내는 것이다. 그리고 우리는 그 오감적 차원에서 대상을 기억한다. 그래서 이 오감 때문에 트라우마를 경험하면 트라우마 역시도 오감적으로 기억한다.

교통사고에 대한 트라우마가 있다면 교통사고로 의식을 잃기 직전에 보았던 처참한 시각적 장면이 가장 강하게 기억

될 수도 있고, 자동차끼리 부딪히는 청각적 소리가 중심으로 기억될 수도 있다. 반면에 자동차 사이에 끼어서 꼼짝할 수 없는 상태에서 경험했던 답답함이나 통증과 함께 겪은 촉각적 느낌을 교통사고의 메인 기억으로 가질 수도 있다. 그래서 교통사고라는 단어를 들을 때마다 가장 먼저 그때 그 장면, 소리, 촉감이 선명하게 떠오른다. 이처럼 오감은 우리의 모든 활동, 생활에 영향을 미친다.

오감을 감각 유형(Sense Type 혹은 Sensory Modalities)이라고 할 수 있는데, 우리는 대게 오감 중에서도 특별히 한두 가지 감각을 더 자주 습관적으로 사용하고 그것을 주된 감각 유형이라고 한다. 어떤 감각을 더 자주, 더 많이 사용하느냐에 따라 각자의 주된 감각 유형이 정해진다. 이것은 선천적인 것으로 일종의 경향성이면서 성격과도 비슷하다. 그리고 의식적 차원에서 인식하는 것이 아니라 잠재의식 차원에서 저절로 발현되는 것이기 때문에 일반적으로는 자신의 그런 성향이나 경향성을 잘 인식하지 못할 때가 많다. 하지만 반대로 자신의 감각 유형을 잘 알고, 자신의 성격에 대해서도 더 잘 알고 있다면 특정 상황에서의 행동 성향이나 경향성, 어떤 것을 좋아하거나 싫어할지, 인간관계에서도 어떤 관계를 선호하며, 어떻게 공부할 때 가장 효율적으로 할 수 있는지 등을 잘 알게 된다. 즉, 내가 시각형인지 촉각형인지 혹은 청각형인지를 알고 나면 나를 좀 더 객관적으로 바라보는 데 도움이 된다.

부부 사이의 갈등이나 불화는 감각 유형의 불일치 때문에 생기는 경우가 많다. 그래서 감각 유형의 원리를 활용한다면 부부 문제를 보다 객관적으로 이해할 수 있고 조금이라도 관계를 개선하는 데 도움을 얻을 수 있다.

시각형의 아내와 촉각형의 남편이 휴일 계획을 짜기로 했다고 해보자. 아내는 박물관이나 미술관을 구경하고 싶어 하고 백화점 구경을 하고 싶어 한다. 반면 남편은 밀린 운동을 하고 편안한 휴식을 취하고 싶어 한다. 또 다른 예로 한 커플이 데이트로 영화관을 찾는다고 가정해보자. 시각형의 남자는 예쁜 여주인공의 모습과 화려한 의상, 남자 주인공의 화려한 액션, 풍경과 경치가 있고 기타 관광지의 화려한 볼거리가 있는 영화를 보려고 한다. 그러나 청각형의 여자는 음악이나 뮤지컬 영화, 로맨틱한 사랑의 대화가 있는 영화, OST나 배경음악이 좋은 영화를 보고 싶어 한다. 이 같은 남녀의 차이는 결국 다툼을 불러일으키게 된다. 다툼이 심해지면 성격 차이를 운운하며 헤어지는 상황을 맞기도 한다. 하지만 반대로 내가 가지지 못한 특질을 상대를 통해 대리 만족한다고 생각하면 일종의 매력 포인트가 되기도 한다.

공부나 학습에 관해서도 마찬가지다. 시각형의 학생은 학습 내용을 책이나 영상 자료 등을 통해 눈으로 보고 특히 그림이나 이미지를 그리거나 형광펜과 같은 것으로 표시하고 밑줄을 그으면서 공부하는 것이 도움이 된다. 그런데 이 학생이 마땅한 시각 자료 없이 그냥 무조건적인 암기 위주의 공부를 해야 한다면 당연히 능률이 오르지 않을 것이다. 이런 학생의 경우 미술, 디자인, 인테리어, 패션, 건축과 관련된 분야에 적성이 있을 것이다. 청각형의 학생이라면 학습 내용에 대해서 직접 설명을 듣거나 오디오 형태의 자료를 들으면서 공부하는 것을 좋아한다. 수업 시간에도 오히려 눈을 감은 상태로 선생님의 말씀에 귀를 기울이면 훨씬 집중도 잘 되고 내용도 빨리 알아듣고 기억도 잘하게 된다. 또는 공부한 것을 마음속으로 되뇌거나 소리 내어 중얼거리면서 암기하는 것이 훨씬 효과적이다. 이런 학생의 경우 공부할 때 좋아하는 음악을 듣는 것이 집중력 향상에 도움이 된다. 그렇기 때문에 이런 학생에게 왜 음악을 들으며 공부하느냐, 그렇게 해서 집중이 되겠느냐 하고 나무란다면 그것은 틀린 처방이 된다. 청각형 학생의 경우 말하는 직업 혹은 들어주는 직업을 선택하면 좋을 것이다. 촉각형 학생은 직접 몸으로 경험하는 것을 더잘 이해하고 기억한다. 그래서 이론으로 보다는 실험과 실습을 하는 체험형 방식이 효과적인 공부법이 된다. 그리고 가만히 앉아 있는 것을 힘들어 하기 때문에 자주 몸을 움직이거나

왔다 갔다 하면서 몸에 자극을 주는 것도 학습에 효과적이다. 이 학생에게 하루 종일 책상에만 앉아 문제 풀이를 하고 암기를 하게 하는 것은 무척 힘든 일이다. 가끔씩 바깥바람도 쐬고 운동을 하면서 공부를 하는 것이 더 효과적이다. 촉각형은 몸을 움직이고 사용하는 일, 섬세한 손 작업을 해야 하는 일, 운동 쪽으로 적성이 있다.

학생을 예로 들긴 했지만 평생 학습 시대인 만큼 성인들도 자신의 주된 감각 유형을 알아 두면 여러 가지 측면에서 도움을 얻을 수 있다. 이 같은 감각 유형은 응용 심리학의 하나라고 할 수 있는 NLP에서 즐겨 사용한다. 이 NLP는 인간의 마음과 행동이 일어나는 원리를 의식과 잠재의식 차원에서 설명하는 이론과 기법 체계로 심리 상담이나 치료, 자기 개발, 비즈니스 분야에서 널리 사용되어 왔다. 앞서 설명한 감각 유형이란 것이 NLP에서는 표상 체계(Representational System)를 의미한다. 여기서 표상이라는 것은 우리가 마음에서 떠올리는 이미지와 같다. 이는 잠재의식에 기억되고 저장되어 있는 내적인 이미지에 해당한다. 그래서 내부 표상(Internal Representation)이라는 용어로도 쓰인다.

표상이라는 것이 마음에서 띠올리는 이미지 같은 것이라고 해서 반드시 시각적인 것으로만 생각할 필요는 없다. 대부분의 사람들은 과일 중에서 '사과'에 대해서 이야기한다면 주먹 크기 정도의 둥근 모양의 빨간색 이미지를 떠올린다. 이 경우의 사과 이미지는 시각적 표상에 해당한다. 하지만 사과라는 말을 듣는 순간 미각적 차원에서 새콤하거나 달콤한 맛을 떠올리면서 침을 삼키거나 얼굴을 찡그리는 사람도 있다. 이때의 표상은 시각과는 다르며 미각과 후각에 주로 해당한다. 이처럼 표상은 다양한 감각으로 표현된다. 그리고 표상은 개인의 경험에 따라서도 매우 다르게 표현된다. 자신의 유년 시절을 회상해본다고 했을 때 고향의 모습(시각)이 떠오를 수도 있고, 돌아가신 어머니의 얼굴 모습(시각)과 함께 엄마의 따뜻한 목소리(청각)가 생각날 수도 있다. 그러면서 부드러운 엄마의 품이 느껴져 눈시울이 뜨거워지는 감정(촉각)을 느낄 수도 있다. 또 어떤 사람은 엄마가 즐겨 만들어주시던 음식의 냄새(후각)와 맛(미각)을 떠올리는 사람도 있다. 이처럼 사람에 따라 떠올리는 내부 표상의 유형은 모두 다르며 각각의 오감 포인트 역시도 다르다. 이것이 표상 체계의 주관성이며 개인적 차이다.

사람들이 일반적으로 어떤 표상 체계를 주로 사용하느냐에 따라서 선호 표상 체계(Preferred Representational System)라는 것이 결정된다. 디자인, 패션, 인테리어, 색상에 민감한 사람의 선호 표상 체계는 시각이 될 것이며 작곡가나 가수의 경우에는 청각이 선호 표상 체계가 된다. 그리고 평소에 감정이 풍부하고 눈물을 잘 흘리며 감동을 잘 하는 사람이라면 그 사람의 선호 표상 체계는 촉각이 될 것이다. 다만, 여기서 촉각은 신체적인 접촉을 전제로 하는 개념 이상의 의미를 담고 있다. 실제로 우리가 무언가를 손으로 만졌을 때, 또는 신체적으로 어떤 것과 접촉했을 때 촉감이나 촉각이라는 개념을 사용한다. 그런데 잘 생각해보면 우리가 어떤 감정을 경험할 때면 크든 작든 몸에서 특정한 반응이 일어난다. 예를 들면 눈물이 난다, 가슴이 두근거린다, 가슴이 답답하다, 소름이나 닭살이 돋는다, 머리털이 삐쭉 선다, 침이 나온다, 속이 뒤틀린다, 머리가 아프다, 이런 표현들은 모두 무의식적으로 일어나는 신체적 반응에 해당하는 말로 감정이나 정서에서 출발하여 신체적으로 드러나는 것들이다. 이런 점들을 감안하면 감정적 차원의 반응들도 모두 촉각형이 된다. 그래서 촉각형은 시각형이나 청각형에 비해 좀 더 포괄적이다.

책을 읽고 있는 독자들은 아마도 지금쯤이면 자기가 어떤 감각 유형을 더 많이 가졌을지 생각해봤을 것 같다. 스스로가 생각한 유형이 실제로 맞는지 안 맞는지 아래 감각 유형 테스트로 한번 평가해보자. 자신의 성향을 객관적으로 판단하는 데 도움이 될 것이다.

이 테스트는 간편 테스트로서 5분에서 10분 미만의 짧은 시간 내에 작성하고 결과를 얻을 수 있는 테스트이다. 모두 10개의 짧은 질문으로 구성되어 있다. 질문마다 제시되는 세 가지의 선택 사항 중 적합하다고 생각되는 것 한 가지를 선택하여 체크하면 된다. 마지막에는 선택한 것을 모두 종합하여 상호 비교하면 자신의 감각 유형을 알 수 있게 된다. 답을 할 때 깊이 생각하지 말고 문제를 읽는 순간 즉각적으로 답을 해야 한다. 선택 사항 세 가지 모두가 자신에게 해당된다고 생각되더라도 상대적으로 더욱 가깝고 익숙하다고 생각되거나 느껴지는 것을 먼저 체크해야 한다. 마지막에 채점 요령이 소개되어 있으니 테스트를 마친 독자는 그 요령에 따라 스스로 채점을 하면 된다.

1. 어떤 결정을 내릴 때 나는
   ① 결정의 결과가 어떤 모습으로 펼쳐질지 상상하거나 그려 보는 편이다.
   ② 그 결정에 대해서 하는 다른 사람들의 의견이나 말들을 떠올려보는 편이다.
   ③ 결정과 관련한 직감과 함께 기분이나 감정을 느껴보는 편이다.

2. 다른 사람과 대화할 때 나는

① 상대방의 모습, 눈빛, 표정, 제스처를 보는 편이다.

② 상대방의 목소리의 크기나 톤과 같은 특성을 듣고 관심을 기울이는 편이다.

③ 상대방의 감정이나 기분이 어떤지 느껴보는 편이다.

3. 처음으로 사람을 만날 때 나는

① 외모, 몸가짐, 옷차림, 화장 상태와 같은 것을 보고 관심을 갖는 편이다.

② 목소리에서 심리나 마음 상태가 감지되는 편이다.

③ 마음씨, 감정 상태, 감수성, 몸의 움직임을 통한 민감성과 같은 것을 느끼는 편이다.

4. 내가 만나고 싶은 사람은

① 예쁘거나 잘생긴 외모를 가진 사람이다.

② 목소리가 좋은 사람이다.

③ 편안하거나 따뜻한, 부드러운 느낌을 주는 사람이다.

5. 나는

① 디자인이나 색상에 민감한 편이다.

② 소리에 민감한 편이다.

③ 촉감이나 스킨십에 민감한 편이다.

6. 내가 좋아하는 사람은

   ① 나를 예쁘거나 멋있게 잘 봐주는 사람이다.

   ② 내 말에 귀 기울여 잘 들어주는 사람이다.

   ③ 내 기분이나 감정을 알아차리고 이해하는 사람이다.

7. 내가 좋아하는 곳은

   ① 멋진 풍경이나 경치를 볼 수 있는 곳이다.

   ② 멋진 음악을 들을 수 있는 곳이다.

   ③ 편안함과 안락함을 느낄 수 있는 분위기나 환경이다.

8. 좋아하거나 사랑하는 사람과 함께 시간을 보낼 때 나는

   ① 눈빛이나 얼굴 표정을 보면 그의 마음을 볼 수 있다.

   ② 목소리를 들어보면 그의 마음의 소리를 들을 수 있다.

   ③ 신체적 터치나 스킨십을 해보면 그의 감정이나 기분을
   느낄 수 있다.

9. 물건을 고를 때 나는

   ① 예쁘거나 보기 좋은 것을 좋아하는 편이다.

   ② 다른 사람들이 추천하거나 권하는 말을 들어보는 편이다.

   ③ 부드럽거나 촉감이 좋은 것을 좋아하는 편이다.

10. 반려동물을 기를 때 내가 우선적으로 고려하는 것은

　　① 내가 보기에 예쁘거나 잘생겼다고 생각되는 동물이다.

　　② 남들이 좋다고 말하면서 추천하는 동물이다.

　　③ 만지거나 안았을 때 특히 마음이 가는 동물이다.

　　채점 방법은 다음과 같다. 세 개의 선택지 중 몇 번이 가장 많이 선택되었는지 살펴본다. 빈도수가 가장 높은 번호가 당신의 감각 유형이다. ①번은 시각형, ②번은 청각형, ③번은 촉각형이다. 이 검사는 단순하게 10개의 질문 사항으로만 평가를 하는 간이 테스트이므로 확률적 차원에서만 참고하기 바란다. 테스트 결과를 잘 이해하기 위해서는 각 질문의 내용에 해당하는 상황 또는 그와 비슷한 상황에서 보이는 자기의 행동이 어떠한지 스스로 생각해볼 필요가 있다. 그리고 가족이나 친구 또는 가까운 지인들에게 같은 질문을 하고 당신이 생각하는 당신 자신과 타인이 생각하는 자신과는 어떤 차이가 있는지 살펴보는 것도 좋다.

17. 감각 유형 분석하기 ⑵

　다투지 않고 살아가는 부부는 없을 것이다. 대부분은 성격 차이 때문에 또는 기타 다양한 이유로 다투면서 살아간다. 부부란 원래 남남인 남녀가 만나서 평생을 살아가는 과정이기에 그 과정에서 싸움이 없다면 오히려 이상하지 않을까 싶다. 내 경우 심리 상담을 주업으로 하면서 부부 상담도 함께 해와서 부부 싸움 같은 것은 하지 않을 것이라고 오해받을 때도 있지만, 나 역시도 부부 싸움의 예외는 아니었다.

　청년 시절 교회에서 처음 만난 우리 부부는 신앙적인 갈등이나 고민을 함께 나누면서 가까워지기 시작했다. 그리고 나중에는 소울메이트를 만난 것처럼 온갖 소소한 일상의 문제는 물론 종교적 이슈나 미래에 대해서도 이야기를 나누며 지냈다. 결국 그런 인연으로 부부의 연을 맺었다. 하지만 여느 부부처럼 우리도 결혼 초기에는 다양한 이유로 싸움을 했다. 그 중 몇 가지 예를 들어보겠다.

  백화점에서 물건을 살 때면 아내는 가격이 좀 더 비싸더라도 보기 좋고 예쁜 것을 원하지만 나는 외형보다는 실속 있는 것을 선호하고 가격을 따지는 편이다. 그래서 아내는 일단 디자인과 색감을 보면서 전체적으로 그 옷이 자신에게 잘 어울리는지 그렇지 않은지를 먼저 체크한다. 그리고 정말로 그 옷이 마음에 든다면 가격에 대해서는 크게 따지지 않는 편이다. 반면, 나는 일단 꼭 필요한 옷을 사되 마음에 드는 옷일지라도 가격이 내가 생각하는 범위에 맞지 않는다면 사지 않는다. 반대로 가격이 싸다면 아주 마음에 들지 않더라도 실용적으로 편하게 입을 수 있다는 이유로 산다. 그래서 나는 아내가 예쁘다는 이유로 굳이 비싼 옷을 사는 것에 대해 불만이지만 아내는 반대로 내가 맵시가 떨어지는 옷만 산다고 불만이다.

  집안에서도 아내는 청결과 정리 정돈에 신경을 쓰는 편이다. 그래서 현관의 신발도 정리된 상태로 있어야 하고, 옷도 제자리에 딱 걸려 있어야 하며, 당장 안 보는 책이라면 책꽂이에 가지런히 정돈해 두어야 한다. 하지만 나는 손이 닿는 곳에 필요한 물건이 있으면 된다는 생각으로 옷도 책도 이곳저곳에 두곤 한다. 전체적으로 아내는 외적으로 깔끔하고 질서가 잡힌 것을 좋아하지만 나는 편리성과 실용성을 더 추구하는 편이다. 그래서 나는 아내의 지나친 깔끔함에 대해 불편을 토로하지만 아내는 그런 나를 보면서 정리 정돈을 하지 않고 무감각한 사람이라고 불평을 한다.

또 다른 경우를 살펴 보면 아내는 예민하고 섬세하며 감동을 잘하고 눈물도 잘 흘린다. 그래서 안 좋은 일을 겪을 때면 쉽게 스트레스를 경험하며 불안과 두려움도 잘 느낀다. 일이 뜻대로 되지 않을 때면 쉽게 좌절하고 우울해 하기도 한다. 그래서 매사에 조심하고 완벽을 추구하는 편이며 자동차 운전을 할 때도 아주 조심스럽게 한다. 반면, 나는 어떤 상황에서든 비교적 이성적으로 생각하고 현실적으로 받아들이는 편이기 때문에 내가 원하는 방향으로 일이 되지 않아도 내가 부족했다고 생각하고 그럴 수밖에 없었던 현실적인 면을 생각하면서 그 상황을 받아들인다. 그리고 객관적이고 논리적으로 생각하고 분석하는 성향이 강해 감정적으로 흥분하는 일이 드물다. 그렇다 보니 부부 싸움을 할 때 나는 아내의 감정을 이해하는 대신 논리적으로 접근하면서 설득하려 들 때가 많다. 아내는 이런 나를 두고 내가 눈치가 없어서 아내가 진짜 무엇을 원하는지도 모른다고 서운해 한다. 그러면서 대화 자체를 아예 회피할 때도 있다. 이럴 때면 나도 내 입장이나 노력을 제대로 이해받지 못하는 것 같아서 아내에게 불평하다 결국에는 부부 싸움이 되기도 한다.

사람들은 부부 싸움의 대부분을 막연하게 남녀 간의 차이 때문이라고 생각한다. 보통의 여성들은 아내처럼 예민하고 예쁜 것을 찾고 청결에 신경을 쓰고, 반대로 보통의 남성들은 나와 같이 둔감한 편이며 주변 청결에 크게 신경을 쓰지 않는다고 생각한다. 하지만 실제로는 꼭 그렇지가 않다. 우리 부부는 MBTI(성격 유형 테스트)가 처음으로 국내에 소개되던 초기 시절에 테스트를 통해서 부부 싸움의 문제가 단순히 남녀의 문제가 아니라 각각의 개인이 세상을 다르게 인식하는 차이 때문에 생기는 것이라는 걸 알게 되었다.(MBTI는 뒤에서 별도로 소개할 예정이다.) 그 일을 계기로 우리는 서로를 좀 더 객관적으로 알아가게 되었고 개선을 위한 노력도 함께하기 시작했다. 그 이후 나는 NLP를 공부하면서 감각 유형과 표상 체계에 대해서도 알게 되었고, MBTI와는 또 다르게 우리 부부의 문제를 이전보다 좀 더 객관적으로 이해할 수 있게 되었다. 이처럼 서로의 차이를 각자의 개성이고 특성이라고 받아들이게 된 후로는 이전보다 싸울 일이 훨씬 줄어들게 되었다.

1996년 캐나다에서 객원 교수 시절에 접한 NLP는 특히 나자신을 객관적으로 이해하는 데 크게 도움을 주었다. 생물학 차원이 아닌 심리적 차원에서 인간의 감각 유형을 바라보고 그 유형에 따라 개인의 성격이나 심리가 달라질 수 있다는 사실을 발견하다니 신기한 일이 아닌가? 사실 지금은 이런 감각 유형에 따른 분류가 잘 알려져 있지만 처음 등장했을 때만 해도 무척 흥미로운 이론이었다. 아무튼 나는 이 테스트가 다른 사람들에게도 크게 도움이 될 것 같아 캐나다에서 귀국한 이후로 학교 수업에서나 특강에서 자주 소개를 하곤 했다.

한 번 더 강조하지만 인간에게는 각자가 더 자주, 더 편하게, 더 즐겨 사용하는 감각 유형이 있다. 하지만 사람들은 잠재의식 차원에서 작용하는 그것을 잘 인식하지 못한다. 그렇기에 테스트 같은 것을 통해 자신의 주된 감각 유형을 알게 되면 자기를 더 잘 이해하게 되고 자연스레 자신을 객관화할 수 있는 힘이 생긴다. 뿐만 아니라 왜 자신이 특정 상황에서 쉽게 스트레스를 경험하고 불안과 우울을 잘 느끼게 되는지도 객관적으로 파악하고 알게 된다. 그렇게 함으로써 스스로 스트레스, 불안, 우울을 피하고 극복할 수 있는 팁도 얻게 된다. 실제로 어떤 상황에서 보다 잘 적응하고 더 좋은 성과를 낼 수 있는지 스스로 알게 되며 자신과 관계되는 다른 사람과의 관계, 차이와 성질에 대해서도 알게 된다. 그래서 어떤 사람에게 호감을 느낄 수 있는지, 누구랑 함께 일을 하면 훨씬 더 일을 잘할 수 있을지 등을 깨닫게 된다. 이처럼 감각 유형에 대한 지식을 토대로 하게 되면 부부 관계는 물론이고 다양한 인간관계에서 보다 효과적으로 소통하며 기존의 관계를 개선할 수 있는 지혜를 얻을 수 있다.

앞 장에서는 오감 중에서도 시각, 청각, 촉각의 세 가지 감각을 중심으로 감각 유형을 다루었다. 촉각은 후각과 미각을 포함하는 넓은 개념으로 NLP에서는 신체 감각이라는 말로도 번역되며 감정 및 정서적 경험과도 밀접하게 연관되어 있다. 이번 장에서는 촉각형과 가장 뚜렷하게 대비되는 사고형(Thinking)을 네 번째 감각 유형으로 추가하고자 한다. 이것은 지금까지 다루었던 촉각이나 신체 감각적 차원의 경험보다는 인지적 차원에서의 사고에 해당한다. 그래서 감각 유형의 하나로 포함시키기에는 조금 어색한 점도 있다.

일반적으로 인간의 뇌는 좌뇌와 우뇌로 구분된다. 좌뇌와 우뇌는 각각 사고형, 촉각형과 비슷한 기능을 수행한다. 좌뇌는 사고와 생각의 기능을 담당하며 논리적이고 분석적이며 이성적인 판단을 하는 데에 사용한다. 반대로 우뇌는 예술적 감각, 감정, 정서적 경험과 반응, 창의성 등과 관련되어 있다. 이와 관련하여 보다 객관적으로 알아보기 위해 촉각형-사고형 테스트를 아래에 정리해보았다. 아래에는 총 10가지의 질문 상황과 각 상황에 따른 두 가지의 선택 사항이 제시되어 있다. 각 상황을 잘 읽어보고 두 가지 선택지 중 상대적으로 나에게 더 가깝거나 더 많이 해당된다고 생각하는 것 한 가지를 선택해보자.

1. 어떤 판단이나 결정을 잘 내리지 못할 때 나는

   ① 나의 직감을 따르는 편이다.

   ② 좀 더 깊이 생각하고 분석을 하는 편이다.

2. 다른 사람과 대화를 할 때 나는

   ① 상대방의 감정에 반응하는 편이다.

   ② 상대방의 말 내용이나 논리에 반응하는 편이다.

3. 과거의 중요한 일을 기억할 때 나는

   ① 그 일과 관련한 당시의 기분이나 감정이 느껴지는 편이다.

   ② 그 일이 어떤 일이며 무슨 일이었는지 등을 생각하는
   편이다.

4. 취미생활을 할 때 나는

   ① 신체적 체험이나 감각적 경험을 하는 것 또는 정서적
   경험을 할 수 있는 것을 좋아한다.

   ② 뭔가를 생각하며 깊이 파고들면서 분석하거나 추리하
   는 것을 좋아한다.

5. 라면을 끓여 먹을 때 나는

   ① 입맛이나 기분에 따라 끓이는 편이다.

② 봉지에 적힌 조리법에 따라 끓이는 편이다.

6. 옷을 살 때 나는
① 입었을 때 몸에 잘 맞으면서 촉감이 좋은 옷을 좋아하는 편이다.
② 일단 가격을 따지면서 편하게 입을 수 있는 옷을 좋아하는 편이다.

7. 영화를 볼 때 나는
① 가족 영화, 멜로드라마 등 감동이 있는 영화를 좋아하는 편이다.
② 역사물, 전쟁 첩보물, 수사극과 같은 영화를 좋아하는 편이다.

8. 자동차를 산다면 나는
① 승차감이 좋고 편한 자동차를 산다.
② 가성비가 좋고 경제적인 자동차를 산다.

9. 음악을 들을 때 나는
① 곡의 흐름이나 음악의 분위기를 느끼면서 듣는 편이다.
② 가사를 생각하고 가사의 의미를 새기면서 듣는 편이다

10. 조립용 생활용품이나 전자제품을 사서 처음 사용할 때 나는
   ① 직감에 따라 마음이 가는 방법으로 조립하거나 설정하
      는 편이다.
   ② 매뉴얼(설명서)에 따라 조립하거나 설정하는 편이다.

   선택지인 ①과 ② 중 상대적으로 개수가 더 많은 쪽이 자
신의 성향이다. 이미 ①과 ②가 무슨 성향인지는 짐작들 했을
것이다. ①은 촉각형이며 ②는 사고형에 해당한다. ①의 개수
가 8개이고 ②의 개수가 2개라면 촉각형의 성향이 높다고 할
수 있다. 하지만 ①은 6개이며 ②는 4개라면 어느 한 성향으
로 단정하기 어렵고 두 가지 성향 모두를 갖고 있다고 볼 수
있다. 이 테스트는 지난번 테스트와 마찬가지로 간이 검사이
기 때문에 참고용으로만 활용하기 바란다.
   이제 두 유형의 특성과 차이에 대해서 좀 더 구체적으로
살펴보자. 촉각형은 감정적인 느낌과 신체적인 경험을 전제
로 한다고 했다. 반면 사고형은 생각과 사고 차원의 인지적
기능이 주가 된다. 사고형의 인지 기능은 논리, 분석, 이성, 현
실성, 객관성의 차원을 포함한다. 촉각형의 사람은 내적 경
험을 중시하기 때문에 비현실적인 상상을 잘하고 직감, 예감,
영감, 육감 같은 것도 스스로 갖고 있다고 생각한다. 그래서
영적 체험이나 종교적 신비 경험 같은 것을 겪기도 한다. 그

리고 스킨십을 좋아하고 스킨십만으로도 상대방의 마음이나 기분 상태를 쉽게 알아차린다. 머리를 쓰는 것보다는 직접 몸을 움직이는 경험과 체험을 좋아하고 그런 것을 잘 기억한다. 개성이 강하고 예술 분야에 적성이 있다. 반면 이들은 비현실적인 차원에서의 불안과 공포를 쉽게 경험하기도 한다. 비현실적인 상상을 하면서 스트레스를 경험한다고 할 수 있다. 쉽게 흥분을 잘하고 감정 기복도 심해 기분이 좋으면 무엇이든 할 수 있을 것 같은 자신감을 가지기도 한다.

이에 비해 사고형은 객관적 현실 중심의 생각을 하기 때문에 주관적인 내적 경험에 해당하는 감정이나 정서, 기분 등을 그다지 중요하게 생각하지 않으며 이성적 이해와 설명, 논리적 분석과 평가, 과학적 근거 등에 민감하게 반응한다. 그리고 일관성이 있으며 계획이나 기획을 좋아한다. 주변 환경으로부터 별로 영향을 받지 않고 감정의 기복이 없어 책임감이 강하고 성실하다. 경제나 현실 생활에서는 실용적이고 현실적이며 마음의 상처를 잘 받지 않고 위기 대처 능력이 높다. 반면에 다른 사람의 감정에는 둔감하여 부부 관계를 포함하는 인간관계의 갈등 상황에서도 상대방의 입장이나 감정을 이해하려는 시도보다는 이성적, 논리적 접근으로만 일관해 소통에 어려움을 겪기도 한다. 그래서 냉정하며 비인간적이라는 평가를 받기도 한다.

촉각형과 사고형에 대해 각각 설명해보았다. 다들 느꼈겠지만 한 개인이 어느 한쪽으로만 정해진 유형을 갖고 있진 않다. 아마 어떤 때에는 촉각형이 강했다가 또 다른 상황에서는 사고형이 강한 식으로 섞여 있을 것이다. 그럼에도 개인마다 주된 감각 유형이라는 것은 있다. 그래서 자신의 주된 감각 유형이 무엇인지 그리고 나머지 유형들은 대체적으로 어떤 비율을 갖고 있는지를 알아 두면 자신을 보다 객관적으로 아는 것뿐만 아니라 평소에 자주 경험하는 불안, 우울의 감정들이 자신의 어떤 감각 유형 때문에 생기는지도 함께 알 수 있다. 그래서 나의 감정을 해치는 상황이 발생할 때 조금은 효과적인 대처가 가능하다. 이는 결국 주변의 중요한 사람들, 반려자, 부모, 자식, 나아가 친구나 직장 동료 등과의 관계에서도 중요한 개선의 효과를 얻을 수 있도록 도와준다.

지금까지 NLP 개념을 바탕으로 대표적인 감각 유형 세 가지, 즉 시각, 청각, 촉각 유형을 알아보았고 특히 촉각형과 대비되는 사고형에 대해서 별도로 설명하였다. 자신을 분석하는 방법으로 NLP에서 말하는 감각 유형 테스트를 한 번씩 해보길 바란다.

18. 교류 분석하기

나는 6.25 전쟁이 끝나고 몇 년 뒤에 가난한 농촌에서 둘째로 태어났다. 내가 태어나자마자 아버지는 당신에 관한 어떤 기억도 심지어 사진 한 장 남기지 않으신 채 세상을 떠났다. 국가 경제라는 게 있을 리 만무하던 시절, 20대의 젊은 어머니는 혼자서 두 남매를 키워야 했다. 그럼에도 나는 그 시절이 고생인 줄도 모르고 유년기를 보냈다. 어머니는 내가 존재할 수 있는 자양분이었고 나의 성격이나 진로에 있어 결정적이고도 긍정적인 영향을 미친 분이었다. 하지만 나에게 어떠한 영향도 주지 못한 아버지는 언제나 내 인생의 큰 결손이었다. 그것은 내 인생의 그림자이기도 했다.

예로부터 부모 역할을 이르는 말로 엄부자모(嚴父慈母)라는 말이 있다. 엄한 아버지와 자애로운 어머니란 뜻으로 자녀는 서로 상반되는 부모 아래에서 때로는 남성적인 강함을 배우고, 때로는 여성적인 부드러움을 함께 배우게 된다는 뜻이다. 그런데 내 경우에는 전적으로 어머니에 의해서만 양육되다 보니 여성 성향을 더 많이 물려받았다. 그래서 나는 어린 시절 나에게 강인한 남성성이 부드러운 여성성에 비해 부족하다고 느꼈다. 물론 그것이 반드시 아버지의 부재 때문만은 아니었겠지만 그 영향력은 무시할 수 없었던 것 같다. 요즘은 과거와 달리 남녀나 부모의 역할 구분에 대한 전통적인 관념이 모호해지고 사라지는 과정이라 앞서 내가 했던 성별 구분은 고정관념에 불과하다. 다만 여기서는 오랫동안 우리 사회에 통용되던 일반적인 인식에 바탕을 두고 남녀 차이를 설명했다. 이점을 꼭 이해해주길 바란다.

　전통적으로 남자는 씩씩하며 사납고 용감하고 자기주장도 강해야 하기에 약해 보이면 안 되고 울어서도 안 된다고 배웠다. 그리고 여자는 부드럽고 따뜻한 존재이기에 거칠거나 사나워서는 안 된다고 배웠다. 하지만 인생을 살아갈 때 반드시 자신의 성별에 해당되는 성향만 갖고 살아갈까? 그렇지는 않다. 남자도 힘들면 울 수 있고 부드럽게 남을 감싸고 희생할 수도 있다. 마찬가지로 여자도 도전하고 용감하게 남과 싸울 수도 있다. 남자인 아버지도 자녀를 따뜻하게 감싸고 위로할 수 있고 여자인 어머니도 자녀를 강하게 키우기 위해 거칠게 훈육할 수도 있다. 수레는 두 개의 바퀴가 있어야 균형을 잡고 제대로 나아갈 수 있듯 자녀 또한 아버지와 어머니를 통해서 양성의 특성을 모두 배워야 올바른 인성을 함양할 수 있다. 그래서 남자에게도 여성성이 필요하고, 여자에게도 남성성이 필요하다.

나는 어릴 적에 용기, 배짱, 박력, 리더십, 비판력, 자기주장, 지배력 같은 것이 부족하다고 느낄 때가 많았다. 특히, 대인관계에서 제대로 싸우거나 자기주장을 해야 하는 상황에서도 약한 모습을 보일 때가 많았다. 어머니는 나의 그런 점을 의식해서였는지 나를 앉혀 놓고 남자다움에 대해 가르치기도 했다. 하지만 그렇게 말로 가르치는 것과 행동으로 보여주는 것은 아무래도 차이가 날 수밖에 없다.

우리가 부모로부터 받는 영향은 무의식에 가까워 우리가 인식하지 못하는 가운데 일상에서 그대로 드러난다. 특히 그 영향이 부정적일 경우에는 그것이 원인이 되어 스트레스나 불안, 우울과 같은 감정을 낳기도 한다. 이처럼 우리 내면의 모습은 여러 가지 자아의 연출과 깊은 관련이 있다. 이런 점을 활용한 심리 치료 이론 중에 TA라고 하는 교류 분석(Transactional Analysis)이 있다. 이 이론의 핵심 개념은 사람은 모두 부모 자아(Parent Ego), 성인 자아(Adult Ego), 아이 자아(Child Ego) 이렇게 세 가지 자아를 동시에 가지고 있다고 보는 것이다. 그리고 이들 자아는 모두 어릴 때부터 부모를 통해 배우고 내면화되어 평생 동안 나이와 관계없이 표출된다는 것이다.

부모의 역할이 엄부와 자모의 두 가지 역할로 구분될 수 있듯 교류 분석 이론에서도 부모의 역할을 두 가지로 구분한다. 엄한 아버지, 즉 엄부에 해당하는 부모 자아를 비판적 부모 자아(Critical Parent: CP)라고 하며, 자애로운 어머니, 즉 자모에 해당하는 것을 양육적 부모 자아(Nurturing Parent: NP)라고 한다. CP(비판적 부모 자아)의 성향은 자녀가 올바르게 자라도록 엄격하게 통제하면서 훈육하는 아버지의 역할과 관련된다. 절도와 규율을 중요시하며 상대의 잘못이나 실수를 지적하고 비판할 수 있는 훈육자로서 부모의 마음을 대변한다. 이에 비해서 NP(양육적 부모 자아)는 사랑으로 감싸고 공감하고 품어주면서 용서하고 도움을 주는 자애로운 어머니의 모습을 말한다. 즉, CP(비판적 부모 자아)는 엄격한 통제력에 바탕을 두고 비판과 질책 그리고 꾸지람으로 자녀를 바른 길로 갈 수 있게 하는 것이라면, NP(양육적 부모 자아)는 부드럽고 따뜻하며 포용적인 사랑을 통해서 아이가 안정감을 느끼며 세상을 헤쳐나갈 수 있게 자신감을 키워준다고 할 수 있다.

이어서 성인 자아에 대해서도 알아보자. 아이가 자라서 성인이 되면 대인관계에 있어서 책임감과 현실성 있는 행동과 역할을 할 수 있어야 한다. 다시 말해 아이처럼 감정적, 즉흥적으로 행동하지 않으면서 객관적인 사리 판단과 현실 인식에 바탕하여 이성적으로 행동할 수 있어야 한다. 성인 자아 성향이 높다면 건전한 사회인으로서 살아갈 수 있겠지만, 너무 높다면 지나친 현실주의와 계산적인 태도 때문에 대인관계에 문제가 생길 수도 있다. 마찬가지로 성인 자아 성향이 너무 낮은 사람이라면 비현실적인 생활 태도를 갖고 있거나 객관적인 옳고 그름을 구분하지 못해 남에게 피해를 주거나 무시당할 수도 있다. 결과적으로 사회에 제대로 적응하지 못하게 되기도 한다.

마지막으로 살펴볼 아이 자아도 두 가지 유형으로 구분이 된다. 순응적 아이 자아(Adapted Child: AC)와 자유 아이 자아(Free Child: FC)가 그것이다. 우리가 '아이답다'고 할 때는 상황에 따라 이러한 두 가지 중 어느 한 특성이 발현될 때라 이해할 수 있다. 그래서 '아이답다'는 것이 순수성과 말을 잘 듣고 착한 AC(순응적 아이 자아)의 성향을 의미하기도 하지만, 또 다른 한편으로는 말을 듣지 않고 자기 마음대로 한다는 차원에서 FC(자유 아이 자아)의 성향을 의미하기도 한다. 그런데 이 두 가지는 상호 배타적이 아니라 서로 보완적으로 움직인다. 그래서 아이 자아는 반드시 아이에게만 있는 것이 아니라 성인에게도 있으며 성인이라도 아이와 같은 순수하고 순응적인 마음과 자유분방하고 고집부리는 성향을 가질 수가 있다. 마찬가지로 앞에서 살펴봤던 성인 자아도 반드시 성인에게만 있는 것이 아니라 아이에게도 성인 자아 상태가 있어서 나이 어린 아이가 감정적이지 않고 이성적이며 현실적인 감각을 가지면서 어른처럼 생각하고 행동할 수도 있다. 이렇게 볼 때 중요한 것은 아이냐 어른이냐의 문제가 아니라 나이와 무관하게 각 개인에게 어떤 성향이 더 많은가 하는 것이다. 그래서 누구나 성인 자아를 가질 수 있고 아이 자아를 가질 수 있는데, 어떤 자아 상태가 상대적으로 더 강하며 더 활발하게 기능하느냐로 그 사람의 성격이나 성향이 결정된다고 할 수 있다. 이렇게 볼 때 어린 아이도 CP(비판적 부모 자아) 상태가 강하면 다른 어른이 잘못할 때 비판하고 못마땅하게 여길 수 있다.

만약 나이 먹은 일반 성인이 AC(순응적 아이 자아) 성향을 강하게 가지고 있다면 그는 성인임에도 남의 말을 거역하지 않고 고분고분한 모습을 보일 것이다. 어쩌면 CP(비판적 부모 자아) 성향을 많이 가진 부모 밑에서 양육되었을 가능성이 크며 그 결과 원리 원칙을 준수하면서 다른 사람의 눈치를 많이 보고, 조직의 규율에 어긋나지 않는 모범적인 착한 아이의 모습을 보일 것이다. 반면에 NP(양육적 부모 자아)가 깊은 영향을 미쳤다면 FC(자유 아이 자아) 성향을 촉진함으로써 이기적이거나 자기중심적인 성인이 되기 쉽다. 그래서 FC(자유 아이 자아) 성향이 높은 사람은 자유분방하고 자기주장은 잘하나 남의 말을 듣지 않고 자신의 생각이나 기분대로 행동하려는 경향이 강해 고집이 세다는 소리를 듣게 된다.

　이상과 같이 볼 때 각 자아 상태는 서로 간에 적절한 균형과 조화가 필요하다는 사실을 알 수 있다. 또한 특정 환경이나 상황에서 바람직하다고 평가받는 자아도 다른 환경이나 상황에서는 바람직하지 않을 수 있으므로 때와 상황에 따라 고정되지 않으면서 융통성 있게 반응할 수 있는 자아의 역할이 필요하다고 할 수 있다.

　지금까지 설명한 교류 분석을 정리해보면 아래와 같다.

　교류 분석

　1) 부모 자아(Parent ego = P)

　　　1-1) 비판적 부모 자아(Critical Parent ego = CP)

　　　1-2) 양육적 부모 자아(Nurturing Parent ego = NP)

　2) 성인 자아(Adult ego = A)

　3) 아이 자아(Child ego = C)

　　　3-1) 순응적 아이 자아(Adapted Child ego = AC)

　　　3-2) 자유 아이 자아(Free Child ego = FC)

　자아 상태를 테스트해볼 수 있는 문항을 몇 개 가져왔다. 각 문항들을 읽어보고 자신에게 해당된다고 생각하는 것에 모두 체크 표시를 해보자.

가-1

1. 남이 잘못했을 때 좀처럼 용서하지 못한다.

2. 스스로 책임감이 강하다고 생각한다.

3. 남의 말을 따르기보다는 자신의 생각대로 남을 이끄는 것이 좋다.

4. 예의, 태도, 규칙 등에 대하여 엄격한 편이다.

5. 바른 말을 잘하는 편이다.

가-2

6. 남의 부탁을 거절하지 않고 들어주는 편이다.

7. 다른 사람의 좋은 점이나 장점을 보면 칭찬한다.

8. 싸움을 피하고 화해하는 것이 좋다.

9. 남의 나쁜 점보다는 좋은 점을 보도록 한다.

10. 도움이 필요한 사람에게 도움을 주고 위로하거나 격려한다.

나

11. 무엇을 결정할 때면 현실적인 여건들을 충분히 고려한다.

12. 처음 당하는 일이라면 잘 조사해본 후에 한다.

13. 무엇을 할 때에 이해득실을 잘 따진다.

14. 모르는 것이 있으면 남에게 묻거나 상의한다.

15. 미신이나 점치는 것 등은 믿지 않는다.

다-1

16. 남의 눈치를 잘 본다.

17. 싫은 것을 싫다고 말하지 않고 참는 편이다.

18. 자신의 생각을 잘 표현하지 못하고 자기주장을 잘 못한다.

19. 남들이 부당한 일을 시키더라도 무조건 하는 편이다.

20. 정해진 법칙이 있으면 따르고 어기지 않으려 한다.

다-2

21. 모두 어울려 떠들어 대거나 노는 것을 좋아한다.

22. '아!', '좋다', '멋지다' 등의 감탄사를 잘 쓴다.

23. 말하고 싶은 것을 억제하지 않고 말할 수 있다.

24. 감정을 표정이나 몸짓으로 자유롭게 나타낸다.

25. 내가 하고 싶으면 하되 고집이 있는 편이다.

각 유형별로 다섯 개의 문장을 주고 체크를 해보았다. 체크 수가 가장 많이 나오는 유형과 그렇지 않은 유형이 무엇인지 주목해보라. 참고로 각 유형은 순서대로 가-1(CP), 가-2(NP), 나(A), 다-1(AC), 다-2(FC)를 의미한다. 테스트 결과를 바탕으로 몇 가지 추가 설명을 하면 다음과 같다. 그 전에

이 테스트는 완벽한 테스트가 아님을 미리 밝히고 각 유형은 좋은 유형, 나쁜 유형이 있는 것이 아니라 상황에 따라 좋을 수도 나쁠 수도 있는 특정한 성향임을 이해하자.

가장 높은 빈도수를 나타내는 자아 유형이 자신의 주된 성향을 보여주는 것이라는 점을 고려하되 전체적으로 어떤 유형들이 얼마만큼 나왔는지 체크해보자. 만약 CP(비판적 부모 자아)가 너무 높으면 통제적, 지배적이라고 할 수 있고 너무 낮으면 허용적, 관용적이라고 할 수 있다. NP(양육적 부모 자아)가 너무 높다면 헌신적이라 할 수 있으며 너무 낮다면 방임적이라고 할 수 있다. A(성인 자아)의 경우에는 너무 높다면 현실적, 계산적이며 너무 낮다면 비현실적, 즉흥적이라고 할 수 있다. 그리고 AC(순응적 아이 자아)의 수준이 너무 높으면 의존적이며 반대로 너무 낮으면 자기중심적, 독단적이라고 할 수 있다. 그리고 FC(순응적 아이 자아)의 결과가 너무 높으면 자유분방하고 개방적이며 반대로 너무 낮으면 폐쇄적, 억제적인 성격이라고 할 수 있다.

세상에는 완벽한 사람이 없고 어떤 성격이든 성격 자체를 절대적으로 '좋다' 또는 '나쁘다'라고 판단할 수 없다. 현실의 생활에서는 오히려 상황과 환경에 따라 도움이 되고 필요한 성격이 있고 그것이 적절히 나타나 적용될 때가 가장 바람직하다. 하지만, 그렇지 않고 그 반대가 되면 상황을 악화시키고 대인관계에도 악영향을 주게 된다. 또한 특정 성향이 지나치게 고착되면 통제하기 어려운 우울이나 불안으로 발전할 수도 있다. 그렇게 되지 않도록 스스로를 객관적으로 이해하고 통제할 수 있어야 한다. 교류 분석은 그런 점에서 자신을 여러 가지 자아로 분석해볼 수 있는 좋은 관점을 제공한다.

19. 조해리 마음의 창 분석하기

밤하늘을 올려다보면 누구나 반짝이는 별과 그 별 너머의 우주에 대해서 궁금해 하고 호기심을 가진다. 아기 때부터 시작되는 호기심은 아인슈타인의 말처럼 '존재 그 자체'이며 본능이다. 나도 어릴 때부터 나 자신에 대해서나 인생과 자연에 대해서 호기심과 궁금증이 많았다. 특히, 너무 일찍 아버지를 여읜 탓에 '왜 나는 아버지 없이 살아야 하는지'가 늘 궁금했다. 그 궁금증이 나중에는 내 존재에 대한 궁금증으로까지 확대되기도 했다.

내가 태어난 고향 마을은 뒤로는 몇 개의 봉우리를 가진 작은 야산이 있고, 앞으로는 넓지 않은 늘이 펼쳐져 있는 전형적인 농촌 마을이었다. 규모가 작고 별로 볼 것도 없는 빈촌인 우리 마을은 동네 밖으로 한참이나 걸어 나가야만 그나마 좀 더 큰 마을과 넓은 들판을 만날 수 있었다. 나는 어린 시절 종종 마을 뒷산에 올라가 여러 높은 산들이 희미하게 겹쳐진 먼 곳의 풍경을 보곤 했는데 그중에서도 유난히 관심이 갔던 것이 가장 뒤에 높이 우뚝 서 있는 산이었다. 나중에 알고 봤더니 그 산은 해발 700여 미터짜리 산이었다. 하지만 어린 시절에는 그 산에 대해 잘 몰랐기 때문에 이름이 무엇인지, 실제로 얼마나 크고 높은지, 산 너머에는 어떤 세상이 펼쳐져 있는지 늘 궁금하기만 했다. 나는 그 산을 보면서 세상에 대한 호기심을 키웠다.

비록 빈촌에서 태어났지만 일찍 도시로 이사를 가서 학교를 다녔던 나는 고등학교를 졸업하고 교사가 되고 싶다는 마음으로 사범대학의 교육학과로 진학을 했다. 그곳에서 심리학을 공부하면서 인간의 내면 심리에 대해서 공부하기 시작했다. 어릴 때부터 교회를 다녔던 나는 기독교적 인간관에 익숙해져 있었는데 대학에서 배운 심리학적 차원의 다양한 인간의 모습은 내가 항상 궁금해 했던 세상에 대한 호기심, 사람에 대한 호기심을 지식으로써 일정 부분 충족시켜줄 수 있었다. 하지만 내 호기심은 거기서 멈추지 않고 좀 더 깊은 공부를 하길 원했다. 그래서 나는 원래 꿈이었던 교사 대신 심리학으로 대학원 공부를 하고, 급기야 미국으로 유학을 떠나게 되었다. 그렇게 나의 호기심과 꿈은 한 번도 가보지 않았던 미지의 세계로 나를 이끌었다.

지나온 삶을 돌이켜 보면 지금의 내가 존재하게 된 데에는 결국 인간과 세상에 대한 호기심에서 비롯되었다고 볼 수 있다. 그리고 하나 더 덧붙이자면, 심리 상담가로서 상담 현장에서 만난 내담자들이 나에게는 또 다른 스승의 역할을 했다. 내가 NLP와 최면을 공부하게 된 것도 내담자와의 상담 속에서 풀리지 않는 문제들 때문이었다. 이는 잠재의식을 다루는 심층 심리에 대해 더 깊은 공부를 하게 된 계기로 작용했다. 이후 나는 다양한 임상 경험을 하였고 덕분에 우리나라에서는 드물게 국제공인 최면 전문가이자 NLP 전문가가 될 수 있었다.

열 길 물속보다 한 길 사람 속을 아는 것이 더 어렵기 때문에 예로부터 우리는 늘 인간의 마음에 대한 궁금증을 갖고 살아왔다. 그 결과로 생긴 학문이 심리학이라 할 수 있다. 철학이나 종교 같은 분야도 결국은 인간의 본질에 대한 호기심에서 출발했다고 할 수 있다.

우리는 신뢰하는 타인에게는 자신의 속마음을 알리고 표현하는데 그것을 자기 개방(Self-Disclosure)이라고 한다. 이때 타인은 나의 생각이나 행동에 대한 자신의 반응을 솔직하게 드러내고 평가도 하는데, 이를 피드백(Feedback)이라고 한다. 피드백은 나를 객관적으로 되돌아볼 수 있게 하는 가장 기본적인 매커니즘이다.

한편 인간의 내면적 주체에 해당하는 자기(self)는 주관적 자기와 객관적 자기로 구성된다. 스스로 나는 어떤 사람이다 하고 생각하는 것이 '주관적 자기'이고, 타인이 나를 어떻게 생각한다고 보는 관점이 '객관적 자기'이다. 스스로를 바라보는 데에는 언제나 실제와 다르게 좀 더 좋게 보려는 경향성이 있기 때문에 주관적 자기는 왜곡될 가능성이 높다. 이에 비해 객관적 자기는 타인에게 객관적으로 인식되는 것이기 때문에 좀 더 나에 가깝다고 할 수 있다. 결국 스스로가 보는 '나'와 타인이 보는 '나'가 일치되는 방향으로 가는 게 가장 정상적인 것이라 할 수 있다.

자신의 속마음을 있는 그대로 솔직하게 표출하고 드러내 보이는 자기 개방은 인간관계에서 필수적이다. 물론 지나친 솔직함이 관계를 악화시키는 경우도 있지만 일반적으로는 대인관계에서의 진솔한 자기 개방은 자연스럽게 타인의 개방을 유도함으로써 진솔한 소통을 가능하게 한다. 그렇지만 세상에는 자신의 약점이나 단점이 드러나는 것에 대해 두려움과 수치심을 느끼는 사람들도 있다. 그런 사람들은 아예 마음의 문을 닫아버리고 자기 개방을 주저하며 대인관계 자체를 회피하기도 한다. 이런 경우에는 정상적인 사회생활과 대인관계를 위해 객관적인 자기 이해와 자기 개방을 할 수 있는 심리 훈련이 중요하다. 일반적으로 사람들은 자기중심적인 프레임 속에서 자신을 이해하려고 하기 때문에 자기를 알고 이해한다고 해도 주관적 차원을 벗어나기가 어렵다. 오히려 타인과의 대화와 소통 가운데 얻게 되는 피드백을 통해 자신을 보다 객관화할 수 있다. 이러한 피드백은 사회적 거울(Social Mirror) 역할도 하기 때문에 타인과의 관계 안에서 자신의 장단점을 파악하는 데에도 요긴하다. 그래서 피드백은 성공적이고 효과적인 대인관계를 위해 필수적인 장치다.

심리학 분야 중에서 사회적 존재로서 인간에 대해 관심을 갖고 연구하는 분야로 사회 심리학이나 집단 심리학이 있다. 특히, 집단 심리학에서 자기 개방과 피드백의 원리를 가장 잘 반영하여 개발된 이론으로 '조해리의 마음의 창(Johari's Window)'이라는 것이 있다. 이는 개별적 존재로서의 나와 사회적 존재로서의 나 사이의 양면성을 하나의 창문이라는 개념으로 설명한 이론이다. 여기서 '조해리'는 두 명의 사회심리학자인 조셉 루프트(Joseph Luft)와 해리 잉갬(Harry Ingham)의 이름 앞 글자를 따서 만든 명칭이다. 이 이론에 의하면 사람에게는 저마다 마음의 창이 하나씩 있는데 그 모양이 사람마다 다르다고 한다. 마음의 창은 대인관계에서의 자기 개방과 피드백 수준에 따라 네 개의 서로 다른 크기와 모양으로 구성된다.

그림에서 보는 것처럼 4개의 영역으로 구성된 마음의 창

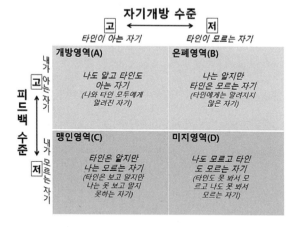

은 개인에 따라 각각의 크기가 동일하지 않다. 편의상 같은 크기의 영역으로 표현했지만 실제로는 A의 영역이 가장 큰 사람도 있고 D의 영역이 가장 큰 사람도 있다. 만약 A가 가장 넓은 어떤 사람이 있다면 그 사람은 자연스레 다른 세 개의 영역이 줄어든다. 또한 A의 크기가 동일한 사람일지라도 가로와 세로의 길이는 각각 다를 수도 있다. 그래서 A 영역의 크기가 같다 하더라도 가로와 세로의 길이 차이로 인해 두 사람의 성격은 다르다고 해석한다. 이런 해석은 나머지 영역에도 동일하게 적용된다. 그리고 영역의 크기와 상대적인 차이 등은 영원불변한 것도 아니고 나이를 먹어 감에 따라 혹은 처한 환경에 따라 바뀔 수도 있다. 이는 관계를 맺고 있는 타인

이나 환경에 따라 자기 개방과 피드백의 수준이 달라지기 때문이다. 즉, 누구에게는 이야기를 잘 하지만 다른 누구에게는 거의 마음을 열지 않을 수도 있으며, 또 누구는 나를 이렇게 보지만 다른 누군가는 나를 전혀 다르게 볼 수도 있다는 것이다. 이제 각 영역의 특징들에 대해서 좀 더 구체적으로 살펴보자.

A 영역인 개방 영역이 큰 사람은 타인에게 자기 개방을 많이 하는 편이며 타인이 나에게 주는 피드백도 잘 수용하는 편이다. 그래서 주관적으로든 객관적으로든 스스로를 잘 아는 사람이라고 할 수 있다. 이런 사람은 공감대를 잘 형성하고 원만한 대인관계를 갖고 있다. B 영역인 은폐 영역이 큰 사람은 타인의 이야기나 평가는 잘 듣지만 정작 자신의 속내는 잘 표현하고 드러내지 않는 사람이다. 이 경우 남들은 그 사람이 어떤 사람인지 제대로 파악하기가 어렵다. 자신은 스스로에 대해 잘 알지만 타인은 그 사람의 속마음을 파악하기가 어렵다. 이런 경향이 짙어지게 되면 타인이 이 사람과 가까워질 수 없다고 느끼고 멀리하게 된다. C 영역인 맹인 영역이 큰 사람은 타인에게 자기 노출 수준은 높은 반면 타인의 피드백은 잘 받아들이지 않는 사람이다. 이 영역이 넓은 사람은 타인의 반응에 대해 무관심하거나 둔감하고 남을 신경 쓰지 않으며 남의 말을 잘 듣지도 않는다. 상대방은 이 사람에 대해

서 잘 알고 있겠지만 오히려 스스로는 자신에 대해 잘 모른다고 할 수 있다. 이 유형의 사람은 타인의 피드백을 듣고 받아들이는 노력을 할 필요가 있다. 마지막, D 영역인 미지 영역이 큰 사람은 자기 노출을 하지 않고 타인의 피드백도 수용하지 않는 타입이다. 이 유형에 속하는 사람은 대인관계를 회피하거나 소극적인 사람으로 혼자 있는 것을 좋아하고 타인과의 접촉을 불편해 하거나 타인에게 무관심하여 고립된 생활을 자처하는 사람이다. 이런 사람은 대인관계에서 적극성을 좀 더 발휘해야 하며 타인에게 자신을 더 많이 드러내는 노력이 필요하다. 그리고 피드백도 요청하고 그 결과를 받아들이는 노력도 해야 한다.

이제 당신의 마음의 창이 어떻게 생겼는지 다음과 같은 테스트를 해보자. 아래에 제시된 10개의 진술문을 각각 읽어보고, 각 문장의 내용이 나에게 얼마나 해당되는지 그 정도를 주관적으로 평가해보고 그 정도를 0~3점으로 점수화해보자. 0은 해당하지 않는, 1은 약간 해당하는, 2는 아주 많이 해당하는 경우를 의미한다.

1. 모르는 것이 있을 때 모른다고 말하고 도움을 요청한다.
2. 다른 사람의 충고가 마음에 들지 않아도 참고할 만한

것은 있다.

3. 회의에서 내 생각이나 의견을 자유롭게 말한다.

4. 남으로부터 부정적인 충고를 들을 때 이유를 물어볼 수 있다.

5. 다른 사람에 대한 나의 부정적인 감정을 솔직하게 표현한다.

6. 다른 사람이 나에게 화를 낼 때 그만한 이유가 있을 것이라고 생각하고 수용한다.

7. 나의 경험을 다른 사람들과 공유하는 것이 좋다.

8. 남의 경험담을 들으면 나를 되돌아볼 수 있기에 도움이 된다.

9. 다른 사람과 생각이 다를 때라도 개의치 않고 내 생각을 이야기한다.

10. 나는 완벽하지 않기에 남이 비난하더라도 무조건 무시하지는 않는다.

위의 10개 진술문에서 홀수 번호는 자기 개방에 관한 것이고 짝수 번호는 피드백에 관한 것이다. 그래서 각각의 점수를 합하여 총점을 계산했을 때 7점 이하면 낮은(저) 수준, 8점 이상이면 높은(고) 수준에 해당한다. 테스트 결과를 평가하고 해석하는 기준은 다음과 같다.

만약 모든 번호에서 높은 점수를 받았다면 그의 주 유형은 A 유형(개방 영역)이 될 것이며 만약 그가 홀수(자기 개방) 문항에서 높은 점수를 받았지만 짝수(피드백) 문항에서는 낮은 점수를 받았다면 그는 C 유형(맹인 영역)에 해당한다. 주 유형이 확인되더라도 가로와 세로의 길이에 따른 특징이 다를 수 있다. 이제, 두 개의 상대적인 길이를 비교하고 어느 것이 더 길거나 짧은지 확인해보자. 그리고 주 유형을 제외한 나머지 세 개의 유형에서 상대적으로 큰 순서에 따라 제2, 제3, 제4유형이 어떻게 되는지 확인할 수 있다. '조해리 마음의 창' 테스트도 다른 테스트와 마찬가지로 간단히 몇 개의 문장만으로 전체를 평가 해석하는 것인 만큼 그 결과를 100% 신뢰하기보다는 참고용으로만 활용하기 바란다. 만약 보다 깊이 있는 진단이나 해석이 필요한 경우에는 전문가의 도움을 받는 것이 좋다.

20. MBTI 분석하기

나는 가끔 나 자신에 대해 이중적인 것 같다고 느낄 때가 있다. 여기서 말하는 이중성은 개인적인 내 모습과 사람들 앞에서 보이는 사회적인 내 모습 간의 차이를 의미한다. 이번 장에서는 이 얘기를 해보고자 한다.

사실 누구나 이런 저런 형태로 자신의 '이중성'을 부인하는 사람은 없다. 하지만 나는 개인적으로 볼 때 그런 면이 좀 더 심하지 않을까 하고 생각한다. 예를 들어, 대중적으로 나를 아는 사람에게 비쳐지는 모습과 우리 가족이 생각하는 내 모습은 많이 다르다. 실제로 나는 성격이 조용하고 말이 별로 없는 편이다. 그래서 집에서는 식구들 간에 속 깊은 대화를 많이 나누는 편은 아니다. 어릴 적 학창 시절의 내 모습도 마찬가지였다. 워낙 조용하게 지내서 별로 존재감이 없었다. 대부분의 친구들은 나를 얌전하고 조용한 모범생 정도로만 기억하고 있다. 그런데 교수 시절 학교에서 강의를 할 때나 대중강연을 할 때 혹은 TV 출연을 할 때의 내 모습은 아주 많이 달랐다. '상담가'나 '최면가'라는 이름으로 꽤 많은 TV 프로그램에 오랫동안 전문가로 출연했는데 그곳에서의 내 모습은 집에서나 친구들 사이에서의 내성적인 모습과는 많이 달랐다. 나는 이것 또한 나의 이중성이라고 생각한다.

단적인 예로 2013년 1월 1일에 설 특집으로 진행되었던 채널A의 <생방송 설기문 최면쇼>가 있었다. 내 이름을 걸고 진행된 최초의 생방송이자 대형 최면쇼 프로그램이었는데 나의 외향적인 모습이 여지없이 드러났다. 처음에 PD가 안전하게 녹화로 진행하는 것이 좋지 않겠느냐고 제안했을 때도 나는 생방송을 고집했다. 내가 무슨 대단한 배짱이 있거나 연예인이기 때문에 그런 것도 아니었다. 하지만 방송에서만큼은 쇼맨이었다. 결국 140분간 진행되었던 생방송 TV쇼에서 나는 아무런 문제없이 방송을 잘 끝낼 수 있었다. 나를 알던 가족이나 친구들에게는 아마도 무척이나 낯선 모습이었을 것이다. 그리고 또 다른 TV 연예 토크쇼인 <신의 한 수>라는 JTBC 프로그램에서는 1년간 고정 출연을 하면서 스크립트 없이 방송을 했다. 다른 출연진이나 패널들에게는 스크립트가 제공되었지만 나에게만은 따로 스크립트가 제공되지 않았다. 왜냐하면 나는 주로 최면 상담자 역할을 맡았는데, 최면의 특성 상 대본 없이 즉흥적으로 진행해야 했기 때문이었다. 그런데도 단 한 번의 실수도 없이 최면을 잘 해낼 수 있었다. 다들 긴장하는 방송 현장에서 어떻게 대본 없이 진행을 할 수 있느냐고 할 때도 나는 오히려 그게 더 재미있다고 대답하곤 했다. 또 다른 나의 반전이라고 할 수 있다.

이 같은 이중성에 의한 반전은 사실 내가 출연한 프로그램의 중요 컨셉이기도 했다. 예능 프로그램에서는 '재미'가 프로그램의 성공과 직결된다. 그런 점에서 내가 했던 최면은 사람의 내면을 건드리고 잠재의식을 들추어내어 그 사람의 또 다른 면을 보여준다는 측면에서 '재미'있는 반전이라고 할 수 있다. 늘 웃고만 있던 인기 연예인이 최면을 통해서 갑자기 눈물을 흘리는 장면은 시청자들의 호기심과 흥미를 자극하기에 충분하다. 2007년에 방영되었던 MBC의 <무한도전>에서 나는 유재석 씨를 비롯해 출연진 모두에게 각각 최면을 한 적이 있다. 몇몇 사례들이 재미있었지만 그중에서도 특히 노홍철 편이 가장 재미있었고 시청률도 잘 나왔다. 시작 때부터 웃기만 하고 전혀 집중을 하지 못할 것 같았던 노홍철 씨가 최면 멘트 몇 마디에 금새 8살 어린 시절로 돌아가서 눈물을 흘리던 장면은 정말 뜻밖이었다. 주사에 대한 공포가 있는 어린 홍철이가 돈가스를 사준다면서 병원으로 데려갔던 엄마에게 속았던 사실을 기억하는 장면이라든가, 8살 당시에 했을 감기 기침을 콜록거리면서 재현하고 통곡에 가까운 눈물을 흘리는 모습은 애처롭기까지 했다. 하지만 곧이어 자신에게 환호하는 소녀 팬들을 상상하는 모습에서는 입이 찢어질 듯 미소를 짓는 등, 양극단적인 모습을 보여주었다. 그런 노홍철 씨의 모습은 커다란 폭소를 자아낼 수밖에 없었다.

이중성에 대한 이야기를 한 가지 더 해보자. 부부 상담을 할 때도 나는 남편과 아내를 한자리에 오게 해 같이 이야기를 들어보는 시간도 갖지만 각자의 이야기를 따로 듣는 시간도 갖는다. 보다 객관적으로 부부의 문제를 파악하고 개선의 여지가 무엇인지 팁을 얻기 위해서다. 그런 다음에는 각자 따로 최면을 한다. 그러고서는 겉으로 드러나는 모습과 다르게 마음속에 감춰진 사실이나 감정 등을 들추어내도록 노력을 한다. 이럴 때 간혹 반전 같은 일이 일어난다. 서로의 다른 성격이나 속마음에 대해 제대로 자각하지 못하고 있다가 최면을 통해 속마음이 드러나 감춰진 진짜 마음을 알게 되는 경우다. 부부 문제의 진짜 원인이 잠재의식 속에 숨어 있다 겉으로 드러난 것이라 할 수 있다.

사람들은 왜 자기 자신의 속을 모를까? 그리고 사회생활을 할 때면 왜 속마음과는 전혀 다른 모습이 드러날까? 왜 우리는 어떤 사람을 잘 안다고 하는데도 막상 어떤 상황에서는 그 사람에 대해서 잘 판단하지 못하게 되는 걸까? 한 마디로 왜 우리는 겉과 속이 다르고, 사적인 자리에서의 행동과 공적인 자리에서의 행동이 서로 다른 이중성을 드러내게 되는 걸까?

이러한 점들에 대해 MBTI라는 성격 유형 테스트는 어떻게 설명하는지 확인해보자. 독자들은 이미 MBTI에 대해서 잘 알거나 한 번쯤은 들어봤을 것이다. 그리고 자신이 MBTI에서 무슨 유형인지에 대해서도 잘 알고 있을 것이다. 요즘 SNS에서는 자신의 MBTI 유형을 공개하고 소통하는 사람들이 많다고 한다. 이미 나온 지 반 세기나 지난 심리 테스트가 이제 와서 갑자기 국내에서 크게 유행하고 있는 이유는 무엇 때문일까?

MBTI는 원래 무의식에 바탕한 분석 심리학의 창시자인 정신과 의사 칼 융(Carl Jung)의 이론에서 시작되었다. 인간의 행동이 다분히 예측하기 어렵지만 그럼에도 질서 정연하고 일관된 점이 있다는 것에 근거를 둔 이론이다. MBTI에서는 인간의 유형을 모두 네 가지 지표로 구분한다. 태도 유형으로 외향형과 내향형이 있으며, 그다음 인식 기능으로 감각형과 직관형이 있다. 그리고 판단 기능에는 사고형과 감정형이 있고, 마지막 기능 유형으로는 인식형과 판단형이 있다고 구분한다. 즉, 성격 유형은 모두 외향형-내향형, 인식형-판단형, 감각형-직관형, 사고형-감정형의 네 쌍으로 구분한다. 모두 이중성을 기반으로 분류했다고 볼 수 있다. 이 네 개의 쌍을 모든 경우의 수를 포함하는 형식으로 조합하면 총 16가지의 성격 유형으로 세분화할 수 있다. 한 사람이 한 개의 특질이 아닌 최대 4개의 특질을 갖고 있는 이중성이 있다고 생각하고 이를 조합한 것이다. 이것이 MBTI이다.

위에서 말한 네 가지 쌍에 대해서 간단하게 설명하면 다음과 같다. 먼저 태도 유형은 에너지의 방향과 관련이 있다. 내향형(I: Introversion)은 자기 내부로 주의 집중을 하는 형이며 발상이나 지식이나 감정에 대한 자각의 깊이를 늘려감으로써 에너지 얻기를 좋아하는 유형이다. 그래서 조용하고 신중하여 내면 활동에 집중력을 발휘하며 깊이 있는 대인관계를 가지면서 말보다는 글로 표현하기를 좋아한다. 이에 비해 외향형(E: Extraversion)은 자기 내부보다는 외부에 관심을 갖고 주의를 집중하는 사람이다. 이들은 타인에게 자신의 발상, 지식이나 감정을 표현함으로써 에너지를 얻는 경향이 있어 사교적이고 활동적이며 외부 활동에 참여하는 것을 좋아한다.

두 번째로 기능 유형은 사람이나 사물을 인식하는 방식을 말하는데 감각형(S: Sensing)은 오감 및 경험에 의존하는 사람들을 말한다. 이들은 현실적인 사람으로 실제의 경험을 중시하고 지금에 초점을 맞춰 정확하고 철저하게 행동하는 경향이 있다. 전체적인 숲보다는 구체적인 나무를 보는 것을 좋아한다. 그리고 직관형(N: Intuition)은 초월적인 직관 및 영감에 의존하는 사람으로 이상주의적이며 아이디어를 중시하고 미래지향적이면서 개연성과 의미에 초점을 맞추어 신속하게 행동한다. 상황을 비유적, 암시적으로 묘사하면서 구체적인 나무보다 전체적이고 포괄적인 숲을 보고자 하는 유형이다.

세 번째로 판단 기능은 판단의 근거를 무엇으로 하느냐에 따른 구분이다. 사고형(T: Thinking)은 감정보다는 논리적 사고와 생각을 통해서 판단을 주로 하는 업무 중심적 유형이다. 그래서 사실과 팩트에 관심을 가지고 '맞다, 틀리다'의 판단을 선호한다. 이에 비해 감정형(F: Feeling)은 논리나 이성적인 판단 이전에 가슴에서 느껴지는 정서, 기분 등의 감정에 기초하여 사람을 바라보고 관계를 맺는다. 따라서 일보다는 인간관계를 중시하며 객관적으로 드러나는 사실을 분석하고 평가하기보다는 숨은 의도나 영향, 도덕성을 더 중시한다.

마지막으로 생활 양식이란 일을 하거나 계획을 할 때 어떤 방식으로 처리하는지에 관한 것이다. 이는 어떤 스타일로 삶을 살아가고 있는지를 말하는 것이기도 하다. 판단형(J: Judging)은 결론 내리는 것을 좋아하는 형인데 할 일들이나 문제들을 빨리 처리하는 것을 좋아하고, 결론을 빨리 내려서 문제를 없애버리는 것을 좋아하는 유형이다. 그들은 자신의 일뿐만 아니라 다른 사람의 일까지도 처리해주려고 하거나 심지어 다른 사람의 생각까지도 결론을 내려주려고 하는 경향이 있다. 이에 비해서 인식형(P: Perceiving)은 유동적인 목적과 방향을 선호한다. 자율적이고 융통성이 있으며 재량에 따라 일정을 변경하기도 한다. 그래서 상황에 따라 적응하며 결정을 보류하기도 하는 유형이다.

우리가 심리 테스트를 즐기는 이유는 작게는 자기 자신에 대해, 크게는 타인에 대해 이해를 하고자 하기 때문이다. 이를 좀 더 구체적으로 설명하면 자기 자신을 좀 더 잘 이해하고 타인에 대해서도 더 많이 앎으로써 원만한 대인관계를 형성하고자 함이라고 할 수 있다. 그래서 시중에는 다양한 심리 테스트들이 유행하고, 즉석에서 결과를 얻을 수 있는 인터넷 서비스나 모바일 앱이 개발되기도 한다. MBTI 역시 특유의 접근성과 친근성 나아가 간편성까지 갖춘 '자기 보고식(self-report)' 테스트라는 점에서 사람들로부터 널리 사랑을 받고 있다. 굳이 전문 기관이나 전문가의 도움 없이도 혼자서 언제라도 필요할 때 테스트를 할 수 있을 뿐만 아니라 결과에 대한 해석도 스스로 해볼 수 있기 때문이다. 바로 이런 이유로 MBTI는 다른 어떤 심리 테스트보다도 빠르게 보급되고 폭넓게 활용되고 있다. 그리고 MBTI 덕분에 많은 사람들이 자기 자신에 대해 생각하고 이해할 수 있는 기회를 가지게 되었다. 하지만 이런 많은 장점에도 불구하고 MBTI에도 약점과 한계점이 존재한다.

인간의 성격이나 심리적 특성들은 다양하지만 사회나 조직, 직종에 따라서 상대적으로 더 선호하거나 더 좋게 평가하는 특성이 있다. 예를 들어, 사회생활이나 직장 생활에서 '성공'이란 걸 위해서는 이왕이면 내향적이고 심사숙고하는 사람보다는 외향적이면서 즉각적인 행동을 할 수 있고 모험을 마다하지 않는 사람을 더욱 환영한다. 특히, 대인관계가 필수적인 분야에서는 외향성과 적극성을 가진 사람을 중요 인재로 본다. 이런 곳에서는 반대 성격을 가진 사람이 스스로 열등감을 느끼거나 자신감을 갖지 못하게 될 확률이 높다. 그렇기 때문에 만약 이런 사람들이 MBTI 테스트를 하게 되면 주변의 그런 문화나 분위기를 의식해 자신도 모르게 실제보다 더 외향적이고 적극적인 방향으로 응답을 하는 경우가 있다. 즉, 왜곡된 결과를 낼 수 있다는 뜻이다.

그리고 MBTI를 너무 맹신하는 것도 문제가 될 수 있다. 다시 말해, 테스트 결과는 하나의 확률로서 가능성을 말해주는 것일 뿐이다. 반면 사람은 상황과 환경에 따라 폭넓은 가변성을 갖고 있다. 혼자 있을 때의 나와 가족이나 혹은 직장에서의 나는 다를 수 있다. 나를 있는 그대로 보는 경우도 있지만 어떤 관계에 투영시켜서 나를 해석하는 경우도 있다. 인간은 환경과 조건에 따라서 생각도 행동도 변할 수 있는 존재이다. 원래는 내향적인 사람이라 할지라도 특정한 환경에서 오랜 기간 시간을 보내다 보면 그 환경의 분위기에 따라 외향적인 사람으로 바뀌게 되는 경우는 얼마든지 있다. 그것은 어릴 때 서로 다른 가정으로 입양되어 성장한 일란성 쌍둥이의 경우를 보면 쉽게 이해가 된다. 성인이 되어 만난 두 쌍둥이는 성격이나 말투, 좋아하거나 싫어하는 일, 좋아하는 음식뿐만 아니라 전공이나 직업, 심지어는 외모도 완전히 다른 사람이 되어 있다.

　앞서 나의 경우를 소개하기도 했지만 나도 본성은 내향적인 사람이다. 말수가 적고 조용한 편이다. 부부 사이나 식구들과 함께 있을 때도 주로 아내가 말을 많이 하면서 분위기를 만드는 편이고 나는 그냥 따라간다. 어렸을 때는 어머니로부터 그리고 결혼 후에는 아내로부터 자주 듣는 말이 있는데 그것은 '눈치가 없다'는 말이다. 나는 MBTI로 보게 되면 IS형에 해당한다. 내향형, 감각형으로 실제로 나는 이 유형에 걸맞게 현실적이면서 실용적인 성향을 많이 갖고 있으며 눈치가 없는 편이다. 그럼에도 불구하고 직업적으로 상담이나 최면을 할 때, 대중 강연을 하거나 TV에 출연할 때면 완전히 다른 성향을 나타낸다. 나의 I형(내향형)과 S형(감각형) 특성은 뒤로 밀려나고 오히려 E형(외향형)과 N형(직관형) 특성이 나타난다.

이제, 독자 여러분들도 스스로를 생각해보자. 먼저 자신의 MBTI 유형부터 파악해보자. 만약 자신의 MBTI 유형이 무엇인지 모르겠다면 지금이라도 인터넷으로 'MBTI'를 검색해보자. 그러면 손쉽게 테스트를 해볼 수 있는 사이트를 만날 수 있다. 그게 아니면 네 가지 '외향형-내향형, 인식형-판단형, 감각형-직관형, 사고형-감정형'의 설명을 찾은 다음 자신이 어디에 해당하는지 하나씩 골라봐도 된다. 테스트 결과를 근거로 자신에 대해서 다시 한번 생각해보자. 테스트 결과가 100% 당신의 모습을 반영하고 있다고 생각하는가? 그리고 언제나 그 같은 모습이 유지되는가? 만약 그런 것 같지 않다면 어떤 때에 그런 유형이 드러나고 어떤 때에 그 반대의 모습이 드러나는가?

MBTI로 자신의 유형을 파악했다면 이제 타인에게 자신의 유형을 들려주고 피드백을 받아보자. 내가 생각하는 만큼 나와 가까운 타인들도 그렇게 생각하는지 말이다. 그러나 이 역시도 가족 사이에서 혹은 친구 사이에서 그리고 직장 동료들 사이에서도 피드백의 내용이 다를 수 있다. 심리 테스트에서 아무리 당신이 무슨 유형의 사람이라고 판단을 해주더라도 스스로 생각하기에 또 타인에게 비치는 내 모습에서 정확하게 나를 인식하지 못한다면 아무런 소용이 없다. 타인으로부터 평가받는 자신의 모습이 어떠한지 그리고 그것이 자기가 바라는 모습인지, 이를 제대로 아는 것이 중요하다.

　우리는 누구도 혼자서 살아갈 수 없는 사회 속에 살고 있다. 우리 삶에서 타인과의 관계는 필수적인데 그렇다면 나의 말과 행동이 타인에게 어떻게 비치고 영향을 미치는지에 대한 각성은 꼭 필요하다. 타인을 의식하지 말라는 책들도 많지만 그것은 인생을 살아가는 관점에서 지나치게 남의 관점을 쫓으며 스스로의 가치관이나 삶을 결정하지 말라는 것이지 타인과의 관계 속에서 타인을 무시라는 것은 아니다. 언제나 문제는 일방적으로 자기 생각만 주장하고 남의 입장을 고려하지 않거나 자기 행동만을 정당화할 때 발생한다. 이런 일이 반복되면 원만한 대인관계도 어렵겠지만 결과적으로는 긴장이나 갈등, 스트레스가 원인이 되어 결국에는 불안과 우울 같은 부정적 감정 상태를 본인이 겪게 되는 결과를 초래한다.

　객관적인 자아상을 확립하되 가변적인 여건과 상황에 따라 유발될 수 있는 부정적인 감정이나 기분, 행동까지도 적절히 조절하고 통제할 수 있을 때 우리는 건강한 삶을 살 수 있다. 그런 점에서 볼 때 MBTI는 자기 객관화를 하고 이를 통해 타인과의 관계를 개선하는 데 아주 좋은 도구가 될 수 있다.

설기문 박사 소개

숨은 이력

- 생후 5개월 때 아버지를 잃고 외아들로 성장
- 고 1때부터 중 3 후배들을 과외하며 생활 전선에 뛰어들었고 그 후로 계속하여 미국에서 박사 학위를 받을 때까지 알바로 잔뼈가 굵었음
- 대학교 시절 교회에서 만난 여자 친구의 꼬드김에 빠져 교사의 꿈을 접고 유학길에 오름, 그 여자 친구와 결혼해 남매를 두게 됨
- 미국 유학 시 부부가 함께 청소와 페인트 일을 하면서 전문적인 청소의 달인이 됨
- 60의 나이에 미대륙 횡단에 도전, 3박 4일 동안 5,000km를 달렸음
- 모든 사람은 그 사람 고유의 본성이 있으며 그 본성 실현이 이루어질 때 행복해지며 가치로운 삶이 된다는 명제로 본성 실현을 위한 터닝 포인트 찾기 연구에 몰입 중임

공식 이력

- 현 마인드코리아 대표 및 설기문마음연구소 원장
- 현 한국NLP최면교육협회 회장
- 전 동아대학교 교육학과 교수
- 전 동방문화대학원대학교 자연치유학과 (NLP최면 전공) 교수
- 전 캐나다 University of Victoria 교육학과 객원교수
- 전 미국 California State Polytechnic University, Pomona 심리학과 객원교수
- 전 한국카운슬러협회 운영위원
- 전 한국상담심리학회 이사
- 전 한국상담학회 이사
- 전 한국심신건강코치협회 회장
- 전 한국최면상담연구회 회장

인생을 바꾼 순간 TOP 3

#1:   고등학교 때 어머니의 원인 불명의 병을 고치려는 과정에서 우연히 영매에게서 도움을 얻었던 순간. 그때 진정으로 사람을 살리는 일과 영성과 영혼에 대해 생각하게 되었고, 그 분야의 전문가가 되고자 결심했다.

#2:　　대학교 때 교회에서 여자 친구를 만난 순간. 그녀로 인해 미국 유학의 큰 꿈을 가지게 되었다.

#3:　　2002년, 미국에서 토니 로빈스의 〈네 안에 잠든 거인을 깨워라〉 세미나에 참석해 맨발로 시뻘건 숯불 위를 걷는 체험을 하며 인간의 무한 가능성을 확인했다.

가장 자랑스러운 것 TOP 5

#1:　　아버지 없이 성장해서 기가 죽어 컸는데 많은 사람을 이끌어주는 큰 사람이 된 부분

#2:　　기존 심리 상담의 한계를 뛰어넘어 몇 시간 만에, 혹은 몇 분 만에 큰 행동의 변화를 이끌어낼 수 있다는 것

#3:　　〈무한도전〉, 〈스타킹〉 등 최고 인기 TV 연예 프로그램에 출연하고 〈설기문 최면쇼〉를 TV 생방송으로 140분 동안 진행했던 것

#4:　　딸과 아들로부터 최고로 존경받는 아빠가 됨

#5:　　하루 끼니를 걱정하던 어린 시절을 원동력 삼아 정신적, 물질적 풍요를 이룬 것

힘들고 지칠 때 나를 움직이는 원동력

- 아내와 자녀가 지지해주고 응원해주면 태산도 움직일 수 있다.

설기문의 멘토는 누구인가?

- 아내, 딸, 아들
- 고 이형득 교수님 (한국상담학회 창설지, 초대 회장 및 계명대학교 교수)

비석

- 정말 힘껏 달렸다. 이젠 좀 쉬사!

설기문 생각

- 1등 하려 하지 말고 너무 애쓰지 말라
- 다 잘할 수는 없다. 진짜 좋아하거나 잘할 수 있는 한두 가지에 집중하라.
- 쾌변도 행복이다.
- 먹고 싶을 때는 먹고 가고 싶을 때는 가자.

학력

- 1979 경북대학교 사범대학 교육학과 졸업
- 1982 계명대학교 대학원 교육학과 석사
- 1986 미국 Alliant International University 대학원 교육학과 박사

국내 외 자격증

〈상담 및 심리 치료 관련〉

- 상담심리사 1급 (상담심리전문가) (한국심리학회, No.43, 1991)
- 집단상담전문가 (한국집단상담학회, No.7, 1997)
- 수련감독전문상담사 (한국상담학회, #52, 2001)
- Peer Trainer (캐나다 Peer Systems Consulting Group, 1997)

〈NLP 관련〉

- NLP Practitioner (캐나다 Progressive Edge Plus NLP, 1997)
- NLP Practitioner (미국 Advanced Neuro Dynamics, American Board of NLP, 2001)
- NLP Master Practitioner (상동, 2001)
- NLP Trainer (상동, 2001)
- 국제공인 NLP 자격과정 교육기관 인정 (Approved Institute on NLP by the American Board of NLP, 2001)
- NLP Coaching Trainer (ABNLP Coaching Division 2008)

〈최면 치료 관련〉

- Clinical Hypnotherapist (미국 Wellness Institute, 1997 미국 National Guild of Hypnotists, 1999 미국 National Board for Clinical Hypnotherapists, 1999 미국, Advanced Neuro Dynamics, 2001 미국 Advanced Neuro Dynamics, 2001)
- Hypnotherapy Trainer (미국 Advanced Neuro Dynamics, American Board of Hypnotherapy, 2001)
- 국제공인 최면치료 자격과정 교육기관 인정 (Approved School of Hypnosis by the American Board of Hypnotherapy, 2001)
- Professional Member (International Association for Regression Research & Therapies, 1997)
- Past Life Therapist & Researcher (Board of Examiners of the International Board for Regression Therapy, 2001)

- Past-Life Therapist (from William Baldwin, American Board of Hypnotherapy, 2003)

  〈시간선 치료 관련〉

- Time Line Therapy™ Practitioner (미국 Advanced Neuro Dynamics, American Board of Hypnotherapy, 2001)

- Time Line Therapy™ Master Practitioner (미국 Advanced Neuro Dynamics, American Board of Hypnotherapy, 2001)

- Time Line Therapy™ Trainer (미국 Advanced Neuro Dynamics, Time Line Therapy™ Association, 2001)

- Time Line Therapy™ Master Trainer (호주 Tad James Co., 미국 Time Line Therapy™ Association, 2008)

- 국제공인 시간선치료™ 자격과정 교육기관 인정 (Approved Institute of Time Line Therapy™ by the Time Line Therapy™ Association, 2008)

  〈자기계발 및 성공학 관련〉

- Firewalking Instructor (미국 Firewalking Institute of Research and Education, 2003)

- Money Coach (미국 Money Coaching Institute, 2009)

- EFT-CC (미국 Emotional Freedom Techniques, 2008)

- EFT-ADV (미국 Emotional Freedom Techniques, 2008)

- Success Factor Modeling (미국 Robert Dilts NLP University, 2015)

저역서

『교육심리학』 [공저] (동아대학교 출판부, 1987)

『조력기술훈련의 실제』 [공역] (형설출판사, 1987)

『가족치료입문』 [공역] (형설출판사, 1988)

『상담이론』 [공저] (교육과학사, 1992)

『현대 상담·심리치료의 이론과 실제』 [공저] (중앙적성출판사, 1995)

『인간관계와 정신건강』 [저] (학지사, 1997)

『최면과 전생퇴행』 [저] (정신세계사, 1998)

『NLP의 원리』[역] (학지사, 2000)

『NLP와 건강』 [역] (학지사, 2002)

『자기혁신을 위한 NLP 파워』[저] (학지사, 2003)

『최면의 세계』 [저] (살림, 2003)

『Only One: 내 삶을 움켜쥔 오직 한 가지』 [저] (쌤앤파커스, 2007)

『시간선 치료』 [저] (학지사, 2007))

『두려움 극복을 위한 NLP 전략』 [공역] (학지사, 2007)

『Yes, I Can』 [저] (물병자리, 2009)

『에릭슨 최면과 심리 치료』 [역] (학지사, 2009)

『난 EFT로 두드렸을 뿐이고』 [저] (중앙생활사, 2009)

『NLP 입문』 [공역] (학지사, 2010)

『너에게 성공을 보낸다』 [저] (좋은날들, 2011)

『걱정하지 마, 잘 될 거야』 [저] (원앤원북스, 2013)

『그래도 가족입니다』 [저] (소울메이트, 2013)

『쬠쬠기법』 [저] (학지사, 2017)

『10분 안에 끝내는 불안 퇴치 비법』 [역] (2017, 학지사)

『마음일기』 [저] (2019, 학지사)

홈페이지 및 SNS

- 설기문마음연구소 (홈페이지)

  https://www.mindkorea.com

- 설기문마음연구소 (유튜브 채널)

  https://www.youtube.com/설기문

- 설기문마음연구소 (네이버 카페)

  https://cafe.naver.com/trancenet

- 설기문마음연구소 (네이버 블로그)

  https://blog.naver.com/mindcoach

- 설기문 (페이스북)

  https://www.facebook.com/kmseol

- 설기문 (인스타그램)

  https://www.instagram.com/kmseol